当代法律科学文库

数字内容平台版权滥用的法律规制研究

曾田　著

对外经济贸易大学出版社
中国·北京

图书在版编目（CIP）数据

数字内容平台版权滥用的法律规制研究 / 曾田著 .
—北京：对外经济贸易大学出版社，2023.6
（当代法律科学文库）
ISBN 978-7-5663-2506-8

Ⅰ . ①数… Ⅱ . ①曾… Ⅲ . ①电子出版物—出版业—知识产权法—研究—中国 Ⅳ . ① D923.404

中国国家版本馆 CIP 数据核字（2023）第 111392 号

数字内容平台版权滥用的法律规制研究

曾 田 著
责任编辑： 刘传志
助理编辑： 吴中杰

出版发行：对外经济贸易大学出版社
社　　址：北京市朝阳区惠新东街 10 号
网　　址：www.uibep.com
资源网址：www.uibepresources.com
邮政编码：100029
邮购电话：010－64492338
发行部电话：010－64492342
E-mail：uibep@126.com

成品尺寸：170mm×240mm
印　　张：9.25
字　　数：143 千字
ISBN 978-7-5663-2506-8
印　　刷：北京九州迅驰传媒文化有限公司
版　　次：2023 年 6 月北京第 1 版
印　　次：2023 年 6 月第 1 次印刷
定　　价：68.00 元

前 言

近年来，数字内容平台领域版权滥用争议频发，如何预防与规制版权滥用乱象是我国著作权法和反垄断法领域共同关注的重点与难点。以往对版权与反垄断的研究主要集中在专利技术领域，尤其是标准专利领域。近年来，随着网络内容平台的兴起，网络内容平台利用版权许可的限制竞争行为受到关注：2017 年，网易云音乐与腾讯 QQ 音乐就腾讯音乐采购大量音乐作品独家版权并拒绝转授权的行为起争议，最终国家版权局约谈了四家音乐平台与二十余家国内外唱片公司，要求避免采购音乐作品的独家版权，要求腾讯音乐 99% 的音乐作品版权都需要转授权给网易云音乐；2015 年，华多公司就网易公司限制用户不得在其虎牙平台与 YY 平台转播网易公司旗下的《梦幻西游 2》网络游戏，并将《梦幻西游 2》网络游戏与网易直播软件（即网易 CC 软件）捆绑的行为提起诉讼，诉其行为构成滥用市场支配地位。①

事实上，这并不是内容与媒体市场的竞争问题第一次受到关注，早在 20 世纪初，“还原钢琴”制造商聚合大量音乐作品版权所引发的垄断威胁就催生了版权领域的法定许可限制制度。在本世纪初，欧盟也针对有线付费电视市场采取一系列规制措施，规制基于优质

① 参见（2015）粤知法商民初字第 25 号；（2918）粤民终第 552 号。

内容的垄断行为。随着5G与人工智能时代的来临，内容与媒体市场将迎来新的变革：不仅创收翻番，还将进一步改变内容与媒体市场的商业模式与市场结构，使得优质内容更加聚合在大的内容平台手中。但无论内容与媒体市场的市场结构如何变化，“没有内容就不能成功进入市场”①这条规则不会改变。对于内容与媒体市场的主体与潜在市场进入者而言，拥有优质内容的独家版权至关重要，可以说，使用独家优质内容锁定用户注意力是当今内容与媒体市场主体的主要竞争手段，而针对优质内容的一系列版权滥用行为将有可能阻碍内容产业的竞争，抑制进一步的创新与发展。

本书针对数字内容平台版权滥用的反垄断规制展开。虽然传统内容市场的竞争问题也曾受到关注，但是网络平台市场的特殊性带来了新困难，首当其冲的便是传统反垄断分析方法在涉及版权的案件中存在适用瓶颈的问题。虽然各国都针对版权的特殊性制定了相应的反垄断审查规则，但在进行具体的案件分析时都绕不开对版权特殊性的考量，包括相关市场界定、市场支配地位的认定、竞争效应分析等。这些难题在新经济背景下显得尤为严峻。首先，拥有版权不代表拥有市场支配力。②在对版权相关案件进行反垄断分析时，传统的市场集中度、产品价格等考量因素并不完全适用，版权的市场支配力更多体现为对市场进入或后续创新的阻碍上，评估困难。其次，在新经济背景下，网络平台双边市场与网络外部性的特点为相关市场界定带来了困难。由于缺乏经济学家关于完全竞争市场的创新模型的可靠性结论，学界在分析版权相关行为对后续创新造成的损害时，往往具有很大争议，这也导致在一系列版权许可的法律规制案件中，各国各地区法院裁判标准不一，甚至同一国家法院针

① *See* Ungerer Herbert, *Introduction of competition in the communications market-The European Experience,* Competition DG, Media and music publishing, 2001, p.16.

② *See* Herbert Hovenkamp, Mark A. Lemley, *IP and Antitrust: An analysis of Antitrust Principles Applied to Intellectual Property Law,* Aspen Publishers, 2016.

对类似案情做出相反判决的情况。[①]而且，在内容产业中，内容产品的特殊性也为反垄断分析带来难题：在内容层面，单个热播剧或者单款热门游戏是否可构成独立的相关市场？对于这些热门的内容，是否存在单独的售后市场？如何认定市场支配力与竞争效应？这些问题都需要进一步探讨。

除此之外，网络平台版权滥用行为的法律规制选择也值得深入研究。虽然版权法与反垄断法的内容不同，但二者的立法目的都是为了促进经济效率，促进创新。产权与竞争都会影响创新，虽然知识产权法不同于竞争法，但是在各国的知识产权法中，都可以看见它与竞争法相互交融的影子，[②]包括知识产权范围的确定，[③]版权滥用规则的确立，强制许可制度的设立等。美国学者 Thomas F. Cotter 在对知识产权滥用进行分析时指出，专利和版权法权衡了短期（静态竞争价格）效率，以换取预期的长期（动态创新）收益。然而，短期成本可能超过长期收益，或行使版权往往会损害（而不是增强）长期收益，所以版权理论本身进行了限制，包括版权中的思想表达二分法，以及版权的合理使用和其他例外。[④]虽然在版权法内部已经采取一些措施缓解版权带来的竞争和创新损害问题，但版权法应当在多大程度上介入竞争规制存在许多争议，这些争议集中体现在

---

① 例如 Image Technical Services v. Eastman Kodak 与 CUS v. Xerox Co. 案，主体都是从事复印或影印设备的制造、销售与服务经营者，他们拒绝向从事独立维修服务的经营者供应专利零配件产品，以排除或限制维修市场的竞争，维持自己在设备维修市场的竞争优势与垄断地位，但法院判决 Kodak 承担反垄断责任，而 Xerox 则不承担。

② [英] 史蒂文·D·安德曼:《知识产权与竞争策略》，梁思思、何侃译，电子工业出版社 2012 年版，第 40 页。

③ R. P. Merges and R.R. Nelson 曾在著名的文献 Market Structure and Technical Advance: The Role of Patent Scope Decisions 中指出，在大多数情况下，专利的范围越窄，持有产业标准的企业越不可能对某技术体系内大多数组成部分取得控制权，越不可能控制有关新技术的未来发展速度与方向。*See* R. P. Merges and R.R. Nelson, *Market Structure and Technical Advance: The Role of Patent Scope Decisions, in T. Jorde and D. Teece (eds.), Antitrust, Innovation and Competitiveness,* Oxford University Press, New York, 1992, p.244.

④ *See* Thomas F. Cotter, IP Misuse and Innovation Harm, *Iowa Law Review Bulletin,* Vol. 52, No. 96, 2011.

对滥用规则的设立中。英国学者 Steven D. Anderman 提出，在新经济背景下，通过修改版权法，有可能在一定程度上缓解竞争法存在的问题，如缩小版权权利范围，在特定情况下基于强制许可，以及要求版权权利人承担起确保兼容的义务等；但是如果产生了更为严重的阻碍竞争效果，则由竞争法机构通过竞争政策来确保相关市场的进入。① 美国学者 Herbert Hovenkamp 指出，版权滥用带来消极效果，某种程度上是版权政策失灵的结果，与版权整个系统与组成部门过度财产化息息相关，版权政策制定者必须更加充分认识到版权扮演着市场监管的角色。② 面对更加复杂的新经济背景，面对网络外部性、累积性创新，平台经济等一系列新要素的出现，版权法限制制度可以如何进行规制，应当如何与反垄断法进行协调，以实现共同促进创新的目的，这些问题都值得深入研究。

基于对研究背景的介绍，本研究主要围绕两个基本问题展开。第一，版权滥用的限制竞争分析标准是什么？怎样判断版权滥用行为对市场与创新的损害？第二，对版权滥用进行法律规制时，版权法与反垄断法如何进行分工？应当以何种标准判定版权滥用？

本书第一章围绕数字内容平台版权滥用问题的基本认知展开，通过介绍版权滥用的表现形式及成因，内容平台的市场结构及属性，分析并总结内容平台版权滥用规制的必要性。第二章从版权法内部限制制度出发，从事前规制与事后规制的视角，展开对版权限制制度在规制内容平台版权滥用问题上的可适用性分析。第三章从反垄断法的层面，立足于反垄断法规定与域内外针对内容市场的反垄断规制实践，从相关市场界定、市场支配地位认定、竞争效应分析三个维度，展开对版权滥用的反垄断外部规制研究。第四章主要涉及

① *See* Steven D. Anderman, *The Interface between Intellectual Property Rights and Competition Policy*, Cambridge University Press, 2009.

② [美]克里斯蒂娜·博翰楠，赫伯特·霍温坎普：《创造无羁限：促进创新中的自由与竞争》，兰磊译，法律出版社 2016 版，第 13 页、第 451 页。

规制体系中的版权法与反垄断法关系处理问题，先立足于制度本旨，明确版权法与反垄断法的殊途同归关系，后分析并总结版权法与反垄断法规制的联系和区别。最后，综合法经济学相关理论，对内容平台具体规制中的制度选择进行分析。

囿于内容产品本身的强消费偏好，版权领域的反垄断问题一直不太受重视。近年来，随着版权集中加剧和内容衍生产品市场的发展，在音乐、游戏、视频等多领域都相继出现并凸显版权反垄断问题，域内外亦开始对版权反垄断问题进行关注。版权滥用规制问题的研究是复杂且具有挑战性的，不仅涉及对版权内容信息本身的赋权正当性及权利设计问题，亦涉及对内容产业创新竞争的动态效率与价格竞争的静态效率的评估问题。需要研究者熟悉版权法与反垄断法的基础理论，并从更宏观的视角，思考二者的关系处理与合作协调问题。本书内容仅是对该研究主题的初步探索，希望能抛砖引玉，引起更多优秀专家学者的关注，共同推进版权法与反垄断法在新一轮创新竞争背景下的现代化建设，推进公私合作下信息经济的高质量发展。

曾 田

2023 年 8 月 23 日于成都

目 录

第一章　问题的基本认知

一、版权滥用的表现形式与成因

（一）版权许可的市场本质

1. 版权许可与市场竞争息息相关

版权是赋予智力创造者对其成果获得收益的一定期限内的垄断性权利。作为一项产权，版权具有排他性，这种排他性体现为对他人行为的限制。由于版权的客体是具有公共物品特性的抽象物，具有无形性与非损耗性，权利人并不能在物理上占有和控制智力成果，故版权的排他性完全是由法律赋予的，法律为版权划定权利边界，他人未经许可不得使用获得版权保护的智力成果。在此情况下，版权许可与交易就特别重要了，尤其是在信息经济时代，思想与信息的生产创造取代了原来生产有形商品的核心地位，信息使用的版权许可成为信息经济时代的主要交易模式。

一方面，版权许可使得内容、技术的创造者能够将智力成果与他人共享，从而创造出新的信息产品。通过版权许可，其他市场主体可以将版权人的文字作品改编成话剧演出，或者制作成电影。被许可人还可以基于版权人的创造成果进行改进，研发出新的智力产品，例如开发出新的软件等。另一方面，版权许可还可以使不同规模的缔约方能够以不同的方式将信息产品推向市场，促进商业模式创新，[①] 近几年互联网内容市场基于版权许可所进行的商业模式多样化创新是很好的证明。版权许可的产权规则赋予了版权人对智力成果进行交易许可的能力，促进智力成果的价值开发，实现信息效用最大化。

---

① *See* Robert W.Gomulkiewicz & Xuan-Thao Nguyen & Danielle M.Conway, *Licensing intellectual property law and application*, Third Edition, Wolters Kluwer, p.25.

基于合同自由，版权交易双方可根据谈判的特殊条款使用标的物。合同自由是当事人意思自治的一般私法原则的基础，自由选择交易对象与交易条件在工业时代为促进商品交易发挥了重要的作用，在信息经济时代同样也不例外。在版权领域，合同自由一直占据主导地位，正如在其他法律领域，立法机关将满足私人利益作为实现公共利益的一种良好方式一样。[①] 由于大部分版权缺乏明确对应的物理对象，版权保护的内容本质上也相当模糊，难以直接界定与辨别，故版权人须通过合同确定转让或许可的内容、权利类型和授权范围。可以说，合同一直是版权作品投入使用的方式之一，作者通常将作品权利中的几项转让或者许可给中间的传播主体，这些主体随后将作品传播给公众。在此过程中，版权持有人与中间方通过版权许可合同交易版权，中间方将从消费者处获得的收益转回给作者，作为最初创作作品的补偿。在围绕各种受保护的版权作品发展起来的所有专门市场中，遵循的基本原则一直都是合同自由。[②] 版权许可合同最重要的功能是，它为内容产品在生产和分销链上的每一个参与者的增值努力提供报酬，并分担供应方与参与者之间的商业风险。[③]

版权许可是可以促进市场竞争的。版权是为了确保通过提高创作和创新水平来提高长期动态效率而设立，以短期内智力与创新成果的非最优使用为代价。版权许可可以有效促进智力成果的使用与传播，使得短期内智力成果的非最优使用得到缓解，并促进市场竞争，激励事前创新与事后竞争。[④] 具体而言，版权许可的促进竞争效果可体现在以下四个方面[⑤]：（1）最大限度地提高版权许可人的利润，使其能够收获大部分消费者剩余，从而刺激其扩大智

① *See* Strowel and Vanbrabant, “Copyright licensing: A European view” Research Handbook on IP Licensing, Edward Elgar, 2013, p.31.

② *See* J.de Werra, “Moving beyond the conflict between freedom of contract and copyright policies: in search of a new global policy for on-line information licensing transactions”, *Columbia Journal of Law and the Arts*, Vol.25, 2003, p.246–247.

③ *See* Richard Watt, *Licensing of copyright works in a bargaining model*, Handbook on the economics of copyright, Edward Elgar, 2014, p.107.

④ *See* Padilla, J., D.Ginsburg and K.Wong-Ervin, “Antitrust Analysis Involving Intellectual Property and Standards: Implications from Economics”, *Harvard Journal of Law & Technology*, 2019.

⑤ *See* OECD, Competition Policy and Intellectual Property Rights and Corrigendum, 2019, http://legalinstruments.oecd.org.

力成果产出，达到与完全竞争行业相同的程度；[①]（2）促进版权开发，版权许可通过减少“搭便车”行为激励被许可人对版权的进一步开发与改进，促进知识产品二级市场的竞争与创新；（3）管理交易风险与降低交易成本，版权交易双方可通过许可协议的具体安排降低市场不确定性的风险，例如保证被许可人在一定期限内“独占”智力成果，另外可通过一揽子许可等方式降低交易成本，促进智力成果的流转与使用；（4）提高生产效率。

版权许可也可能损害市场竞争。理论上，合同自由能够使信息产品从效用低处转移到效用高处，市场会像一只“看不见的手”引导着信息资源配置达到帕累托最优。然而，这一理论依托的背景是建立在交易成本不高的前提之下，实践中，版权所赋予的对抽象智力信息的垄断性很容易导致市场失灵，需要法律干预版权自由许可。一方面，当订立版权许可协议的许可人与被许可人是在某一特定市场的实际或潜在的竞争对手时，版权许可协议容易产生卡特尔风险，可能被用来限制价格、产量或者划分市场，对竞争环境造成严重威胁。[②]这里的市场不局限于版权许可内容所指向的市场，而是包括所有与版权相关的市场，“共谋”可能在版权本身所处的市场上发生，也可能在相关产品市场发生。[③]另一方面，版权许可可能导致限制竞争的排斥效应，强化市场进入壁垒。当版权对相关市场至关重要，尤其是成为某些行业的标准时，自利心将诱使权利人通过版权许可进行垄断性要价，索取高昂的版权许可费，阻碍智力成果的自由流通；当版权人与潜在许可对象处于竞争关系时，版权许可常常服务于权利主体在市场中的竞争策略，权利人可利用不合理许可条件或拒绝许可等方式阻碍竞争者的市场准入自由，影响市场竞争，造成市场失灵。由此，正如 Bellamy 所言，在为了促进创新保护智力成果版权的同时，将不可避免地与确保自由竞争的制度与利益存在紧张关系，版权的授予必须避免对竞争的不合理限制，必须与市场自由竞争环境相协调。[④]当版权许可不合理地限制市场自由竞争时，法律需要对此进行干预。

---

① *See* LG.Sidak, Debunking Predatory Innovation, *Columbia L.Rev.* Vol.83, p.1132.

② *See* OECD, Competition Policy and Intellectual Property Rights and Corrigendum, 2019, p.22, http://legalinstruments.oecd.org.

③ 同上注。

④ *See* Bellamy & Child, European Union Law of Competition, 8 edition, Oxford University Press, 2018, p.2599.

2. 市场交易中的版权许可

正如 Posner 所言，知识产权许可会带来法律、金融、商业和技术等领域的交叉性难题，[①] 如今，涉及专利领域许可问题的研究文献很多，但针对版权领域的许可问题研究较少，且主要集中在与版权集体管理相关的问题上，[②] 例如 Schovsbo 指出，版权的集体化要么是由降低与交易成本有关的经济论点驱动的，要么是与保护作者的文化立场有关，版权集体化最终可能会影响版权本身，使得版权从基于财产规则转变为基于责任规则。[③] Watt 为版权集体管理组织建立了简单模型，并利用该模型展示了不受管束的版权集体管理与社会整体福利最大化之间的主要矛盾点。他指出，尽管版权集体管理是一种自然垄断，但是除非对集体管理成员资格的选择进行管制，保证新成员不会被拒绝，否则可能导致效率低下的结果。[④]

与其他版权许可一样，版权内容作为无形信息需要被具体界定。版权许可的具体内容和范围是版权许可协议中的重要组成部分，包括授权内容（如具体哪项权利，是否独家等）、授权期限、授权地域范围等。版权授予范围会因传播媒介的不同而不同，随着传播技术的快速变化发展，传播媒介种类增加，版权许可是否授予使用者在新的媒介上复制传播作品的权利往往引发争议。一般来说，除特别规定外，对传播媒介的范围规定是包括在订立合同时能够合理预见的新传播渠道。例如在 Boosey 案中，美国第二巡回法院指出，涉案版权许可协议将延伸包含视频格式的传播方式，因为该传播方式是双方

---

① *See* R.A.Posner, Transaction Costs and Antitrust Concerns in the Licensing of Intellectual Property, *John Marshall Review of Intellectual Property Law*, Vol.4, 2005, p.325.

② 例如：Besen, S.M.and S.N.Kirby (1989), Compensating Creators of Intellectual Property –Collectives That Collect, Santa Monica, CA: The RAND Corporation.Besen, S.M., S.N.Kirby and S.C.Salop (1992), “An economic analysis of copyright collectives”,Virginia Law Review, 78 (1), 383–411.Hollander, A.(1984), “Market structure and performance in intellectual property: the case of copyright collectives”, International Journal of Industrial Organization, 2 (3); Katz, A.(2005), “The potential demise of another natural monopoly: new technologies and the future of collective administration of copyrights”, Journal of Competition Law & Economics, 1 (3); Snow, A.and R.Watt (2005), “Risk sharing and the distribution of copyright collective income”, in L.N.Takeyama, W.J.Gordon and R.Towse (eds), Developments in the Economics of Copyright: Research and Analysis, Cheltenham, UK and Northampton, MA, USA: Edward Elgar, p.23–36.

③ *See* Jens Schovsbo, The Necessity to collectivize copyright and dangers thereof, *SSRN Electronic Journal* ,2010, p.1.

④ *See* R.Watt, “Copyright Collectives: Some Basic Economic Theory” in R.Watt (ed.), Handbook on the Economics of Copyright, Edward Elgar, 2014, p.175.

在订立合同时能够合理预见到的新传播渠道。①

相比于专利，版权保护的范围比较模糊，这导致版权许可的交易成本相对更高一些，例如版权许可人通常会保留对许可作品的任何演绎方式的版权，但是如果被许可人创作了一个新的作品，在某种程度上类似于许可人的作品，那么这个新的作品是否侵犯原作品的版权，需要仔细比对和认定。而且，在内容市场上，版权持有人如果想通过作品获得商业利益，就只能将作品许可给中间方，没有其他选择。相比之下，专利权人还可以选择通过商业秘密保护自己的智力成果。除此之外，版权持有人比专利权持有人面对更加激烈的市场竞争，专利只有在其创新成果达到足够的创造性和新颖性时才会被授予，这意味着专利权人在其技术领域享有更高的创造性，具有一定的垄断地位。而版权不同，版权自作品创作之日起产生，只需要作者完成的作品具有一定的独创性即可。即使对作品拥有版权，版权持有人依然要面对众多类似作品的竞争，是一种处于激烈竞争中的垄断，而不是纯粹的垄断。②

另外，版权作为无形信息产权，需要通过签订合同来履行自己的权利，由此订立版权交易合同与行使版权的成本是评估版权制度功能的重要内容，高昂的交易成本将对版权市场的有效运作与版权制度功能的发挥产生消极影响。③有学者通过对版权许可中许可谈判的模型分析指出，在版权许可中，当中间方的谈判力更强时，消费者福利度更高。所以一种平衡的、运作良好的版权制度能够为版权交易的每一方都提供公平谈判的地位，同时最大程度降低交易成本，促进资源的有效分配，且适应技术与市场的变化。④然而，作者、传播者、演绎者、使用者等主体在版权交易中的谈判地位会随着法律赋予的权利变化而变化，由此可见，版权许可市场的良好运作不仅依赖于市场，很多情况下还需要政策制定者的干预。

随着多媒体技术的进步与内容产业的发展，内容版权商业化更加多样，版权市场呈现出多层级的特点。一款游戏产品不仅可以在游戏机终端发行，

① *See* Boosey & Hawkes Music Publishhers, Ltd.v.Walt Disney Co., 145 F.3d 481.

② 同上注，第 108 页。

③ *See* William Landes & Richard Posner, "Indefinitely Renewable Copyright", *University of Chicago Law Review*, Spring, Vol.70, 2003, p.471-518.

④ *See* T.Kautio, N.Lefever and M.Määttä, "Assessing the Operation of Copyright and Related Rights Systems", Methodology Framework, Foundation for Cultural Policy Research, 2016, p.123.

还可通过游戏平台发行，除了一般的游戏市场外，还催生了游戏直播市场、游戏短视频市场等，版权所有人可通过多终端、多渠道开发版权的商业价值。在此背景下，版权许可不仅是商业化版权内容的基础，更是内容产业相互竞争的关键，应更多地对内容产业版权许可的内容、可能带来的影响以及相关规制路径的选择进行研究，这对未来内容产品更加丰富、内容市场更加多元的5G时代尤为重要。

（二）版权许可中限制竞争策略选择

在版权许可交易中，版权人可与被许可人协商具体的交易条件，包括独家许可或非独家许可、一揽子许可或非一揽子许可、许可期限与其他限制条件等，版权市场的许可方式与价值产生结构会因行业的不同而不同，不同的版权市场活动与不同的内容产业需要分开分析。[①] 内容市场中，纵向限制经常成为竞争策略选择，无论是传播者主导的，还是版权人主导的。

在图书市场，图书出版的产业链由创作者、出版商、印刷商、分销商与零售商组成，创作、生产、传播和消费这几个独立又相关的阶段共同构成了图书市场完整的经济活动链。[②] 在此过程中，版权发挥着关键性的作用，它不仅会影响图书出版商获得商业成功的可能性，而且会在一定程度上影响其他环节的价值链，可以说图书出版市场的所有经济活动都是基于有效的版权交易展开的。在整个图书出版产业链中，出版商担任了很重要的角色，出版商依靠版权法保证其投资，会对其出版的作品享有版权，订立竞争限制的版权许可协议常常成为图书市场出版商用于占据市场的重要工具，对于著名作者或者作品，出版商都会争相与其签订独家出版协议。例如Springer案[③]，Springer在欧洲、亚洲和美国等约20个国家拥有60多家出版社，是科学、技术和医学领域的全球第二大出版商，为了占据印度期刊的出版发行市场，Springer与印度主要的科学研究所和学院签订独家联合出版协议，通过这些协议，Springer获得了独家出版印度科学、技术和医学领域核心期刊的权利，

① *See* T.Kautio, N.Lefever and M.Määttä, "Assessing the Operation of Copyright and Related Rights Systems", Methodology Framework, Foundation for Cultural Policy Research, 2016, p.126.

② *See* WIPO, Managing intellectual property in the book publishing industry, p.30, https://www.wipo.int/edocs/pubdocs/en/copyright/868/wipo_pub_868.pdf.

③ *See* Prints India v. Springer India, Case No.16/20101.

使得 Springer 获得了对绝大多数印度期刊的控制权，占据了印度的出版市场。同样，版权人也可能通过竞争限制行为，限制潜在的竞争者获得出版其版权内容的机会，以保证自身的市场竞争优势地位。例如在 Magill 案[①]中，爱尔兰和英国北爱尔兰等地三家电视台拒绝将他们在电视节目信息中的版权向独立出版商许可，从而杜绝了综合性的电视节目指南出版，确保了其自身在电视指南出版市场的主导地位。

电子游戏可以主要分为游戏机、个人电脑端游戏（PC 游戏）与手机移动端游戏，传统的游戏市场主要是指游戏机与 PC 游戏，这两类电子游戏至今仍占据电子游戏市场的主导地位，占行业收入的 80% 左右。[②]目前游戏机市场主导的厂商是任天堂、索尼和微软，PC 数字端发行领域的领导者是 Valve 和 Steam。在游戏机与 PC 端市场中，绝大多数游戏都是由第三方的开发商与发行商制作，目前市场上存在几家非常大的游戏出版发行商，这些游戏出版发行商通常拥有自己的工作室，在跨平台游戏中，他们也会与其他独立的工作室合作进行游戏的出版与发行。对于游戏开发商与出版发行商而言，版权至关重要，在电子游戏的开发协议、委托 / 雇佣协议、发行分销与广告环节的每种版权许可协议中，版权都是其中的一个重要元素，其中游戏开发商与出版发行商常常利用竞争限制策略进行市场竞争。优质的游戏内容是游戏厂商竞争的关键，由此，为了获取优质游戏内容，游戏厂商常常与游戏开发商签订独家交易合同，使得优质游戏内容仅存在于该游戏厂商的平台中，吸引消费者获得利润。例如，索尼公司的成功很大程度上归因于其拥有许多独家游戏，许多独立开发项目以及签约了许多游戏开发人员，与其建立独家的合作伙伴关系。[③]微软公司曾收购了几家游戏制作工作室增加其 Xbox 游戏机上的独家游戏。

除此之外，游戏公司常常利用竞争限制策略捆绑游戏与游戏设备，玩家只有购买该游戏设备才可玩这些游戏，以此提高游戏设备的价格或激励玩家购买游戏设备。例如在游戏机领域，游戏厂商生产的游戏软件只能与特定品

---

① *See* Cases C-241/91 and C-242/91 RTE and ITP v Commission (“Magill”) [1995] ECR I-743.

② *See* WIPO, Mastering the Game, Business and Legal Issues for Video Game Developers, p.18, https://www.wipo.int/publications/en/details.jsp?id=3233&plang=EN.

③ 同上注，第 22 页。

牌游戏机兼容，消费者想要购买该游戏厂商的游戏软件也必须购买其生产的游戏机，任天堂的《超级马里奥兄弟》与微软的《光环》都曾采取过技术不兼容的措施捆绑游戏软件与游戏机硬件，在刺激消费者购买软件的同时购买游戏机硬件。同样，在以 Switch 为代表的掌机领域，独家的优质游戏内容也是吸引消费者购买游戏掌机设备的重要原因，例如 Switch 上的《动物森友会》《塞尔达传说》《健身环大冒险》《口袋妖怪》等多款独家优质游戏内容使得 Switch 游戏掌机风靡全球，销售近亿台设备。随着游戏领域新硬件的泛滥，游戏机控制设备与移动游戏设备层出不穷，这更加激励了游戏厂商采取游戏与游戏设备的捆绑搭售策略，以促进硬件设备的销售。另外，大型游戏的研发与制作成本高昂，因此大型游戏的开发离不开主流游戏厂商的资助与支持，且与游戏厂商签订独家发行协议能够使游戏开发商快速回笼资金，保障游戏作品的发行与销售周期，因此，与游戏厂商签订独家出版发行协议常常成为游戏开发商的选择。

在音乐市场，主要包括两种不同的作品：音乐作品与录音制品。前者是指作曲家创作的有歌词或无歌词的音乐，后者是使用录音设备将音乐作品固定在 CD 或数字媒介上的录音。音乐市场的主要参与者包括创作者、音乐出版商、录音制作者（唱片公司）、独立音乐人、集体管理组织、音乐唱片销售者、消费者等；音乐创作者包括作曲家与作词人。传统上，编曲作词者一般签约于音乐出版商，编曲作词者将权利转让给音乐出版商后，由音乐出版商将音乐作品进行商业化推广，如由出版商与唱片公司签约录制歌曲。之后广播、电视想要传播录制的歌曲时，需要获得音乐出版商（著作权人）与唱片公司（录音制作权人）的双重许可，支付许可使用费之后进行传播，[1] 而且传统上唱片公司与音乐出版公司一般不直接参与授权活动，而是委托音乐著作权集体管理组织代为向卡拉 OK、电视、广播发放传播许可收取许可使用费。[2] 一般来说，版权持有者（集体管理组织）会根据作品使用性质的不同签订不同类型的版权许可协议。

① 《卖断著作权，音乐作者如何保留表演权收益》，载搜狐网，https://www.sohu.com/a/224012533_109401。

② 孟兆平：《我国网络音乐产业发展的现状、问题与解决对策》，《兰州学刊》2016 年第 3 期，第 158 页。

同样，竞争限制也常常成为音乐作品版权人或传播主体的策略选择。例如音乐内容出版商常常会与热门歌手或歌曲签订独家的音乐出版协议，音乐作品的传播者则常以独家首播等方式，与版权人签订短期的专有使用权协议，保证在某期限内只能由该特定传播主体使用与传播音乐作品，以保证独家首播内容对消费者的吸引力。音乐唱片销售者也会与音乐出版商或唱片公司签订独家销售代理协议，约定特定音乐唱片只能由该销售者销售，或者约定消费者只能从特定渠道下载音乐作品。例如苹果公司与唱片公司签订协议，使得欧盟领域内的消费者只能从 ITunes Store 上下载音乐，以上这些独家交易安排都能为音乐产业的参与者带来独特的竞争优势地位和营收利润。除此之外，搭售与捆绑的竞争限制策略也常常出现在唱片市场中，唱片公司常常在一个唱片中收录不同的歌曲进行组合销售，包括热门音乐与相对冷门的音乐。或者在销售唱片的同时搭售音乐周边的捆绑包，包括 T 恤衫、徽章、不干胶贴纸等。搭售的策略安排不仅保证了热门与冷门音乐作品的销售与传播，还使得唱片的售价更高，唱片公司从而获得更高的营收利润。

综上，竞争限制在图书市场、游戏市场与音乐市场都常见，是市场竞争环境下，版权人或传播主体在相关市场中为增加竞争优势或提高利润常用的策略选择。

二、内容平台的市场结构及其属性

（一）注意力竞争与高度聚合的市场结构

1. 内容传播模式与营利模式的改变

互联网传播技术极大地降低了传播成本，催生了新的信息生产与传播模式。互联网数字技术使作品能够以极低的成本进行大规模的传播，降低了传统作品负载媒介的重要性，引进了新的内容传播媒介，例如内容平台、搜索引擎等。另外，数字技术也改变了传统的内容创作与传播模式。互联网允许处于不同地理位置的主体通过网络交流与协作实现共同创作，例如开源软件由世界不同地区的编程者共同开发。

另外，网络技术的发展拓宽了作品的传播渠道。在前互联网媒介时代，作者创作作品，需要将之投稿（发表）于报纸、杂志、电视等媒介组织才能传播给大众。此时，媒介组织控制着作品的传播渠道，作者想要传播自己的作品，必须通过媒介组织提供的渠道进行传播。而互联网技术把作者从控制在少数主体手中的传统传播渠道解放出来，为每个人都提供了免费自由的传播渠道，作者可以通过互联网直接进行大众传播活动。互联网新兴的传播模式催生了 UGC 内容平台（User Generated Content，用户生成内容），用户将自己原创的内容通过互联网平台进行展示或者提供给其他用户，进行自媒体传播。互联网新兴传播模式催生了新的内容共享文化，创作者不再坚持对作品传播的控制，反而顺应社会需求，提倡对内容的自由传播与免费共享。

互联网作为新的传播技术，不仅改变了传统作品的传播方式与传播渠道，还改变了传统的内容营利模式，催生了新的“注意力经济”时代。所谓“注意力经济”是指，在网络环境下通过吸引用户注意力获取利润，其孕育于互联网产业，最早由赫伯特·西蒙（Herbert Simon）提出，在海量网络信息环境中，信息本身不再是稀缺的资源，真正稀缺的是信息接收者的注意力，这种注意力体现为接收者为接收有效信息所消耗的时间。[①]“注意力经济”使得网络平台采取各种策略，尽可能多地吸引消费者更多的注意力与时间。

与其他类型的网络平台一样，网络内容平台也是双边市场结构，同时具有两组不同市场的消费者，两组市场消费者对其而言都是必不可少的，且其中一边的消费者的需求量取决于另一边市场消费者的数量。[②]这种强网络外部性要求网络内容平台要同时在双边市场吸引足够多的消费者，解决“鸡生蛋与蛋生鸡”的用户基数难题。虽然在传统的内容市场也存在这种网络外部性，例如报刊杂志市场，但在互联网领域，网络内容平台市场的间接网络外部性要强得多。

对于网络内容平台而言，其主要通过优质的内容与服务吸引消费者注意力，一方面，网络内容平台需要通过大量免费或低价内容吸引消费者进入，使消费者愿意花更多的时间和精力停留在平台上，收集消费者的注意力；另

① *See* Herbert A.Simon, *Designing Organizations for an Information-Rich World*, The Johns Hopkins Press, 1971, p.40.

② *See* David S.Evans, The Antitrust Economics of Multi-Sided Platform Markets, *Yale J.on Reg*, Vol.20, 2003.

一方面，网络内容平台需要将获取的消费者注意力“出售”给广告商，允许或帮助广告商以各种形式发布广告，获取收益。除了广告费收益外，用户在内容平台留下的数据也具有巨大的商业价值。因此，对于网络内容平台而言，主要是需要花费巨大成本获得大量的优质内容版权，吸引消费者进入。

在注意力经济背景下，对优质内容独家版权的争夺成为网络内容平台的主要竞争方式之一。[①] 获得优质内容的独家版权可以排斥他人传播相同的内容，带来独特的竞争优势地位，尤其对于热门大片、金曲等优质内容而言，获得独家版权能够吸引消费者使用并订阅内容平台的服务，将消费者锁定在平台中。在此背景下，优质内容版权成为宝贵的资源，各大内容平台不惜花费高昂的成本购买优质内容的独家版权。以网络视频为例，以腾讯视频、优酷土豆视频、乐视视频、爱奇艺、PPTV 为主的主流视频平台的独家版权内容之争已经持续了近 10 年，覆盖范围包括电视剧、电影、美剧、体育与综艺等。乐视视频以 2000 万元购买《甄嬛传》独家版权，后以单集高达 200 万元的价格购买《芈月传》的独家版权，又以过亿元买下《我是歌手》第二季独家版权；爱奇艺不惜斥资 2 亿元购买湖南卫视包括《爸爸去哪儿》《快乐大本营》《天天向上》《百变大咖秀》等六大热门综艺节目独家版权；腾讯视频这十年都在高价购买各种热门内容版权，例如以 5000 万元购买了《新编辑部故事》的独家版权，以 2.5 亿元获得《中国好声音》第三季，花费超过 6.3 亿元拿下 NBA 的独家网络播放权等。

2. 市场结构的改变：对传统上下游市场的整合

网络内容平台市场最重要的特点就是对传统上下游市场的整合，正如前文所述，网络平台的网络外部性易产生规模效应，对于网络内容平台而言，这种规模效应不仅体现在用户增长产生的需求方规模经济，还体现在内容供给方产生的规模经济。内容平台上供给的内容越多，功能越全面，对于消费者而言就越不可替代。[②] 由此，整合式的平台化运营是网络平台的重要特征，也是网络内容平台运营的主要模式。

一方面，网络内容平台通过不断聚合内容资源，增强供给方的不可替代性；另一方面，网络内容平台还通过整合传统的上下游市场，减少交易成本，

① 曾田:《网络内容平台反垄断问题研究》,《知识产权》, 2019 年第 10 期，第 48 页。

② 同上注，第 49 页。

产生规模效应。[①] 在传统内容市场中，内容的创作、发行、传播、销售都是分开的，分别都是独立的市场。而在网络内容平台市场中，网络平台将传统的内容创作、发行、传播、销售市场整合在一起，进行一体化运营，共同组建成网络内容平台市场。这在电影、游戏、音乐等各个领域的内容平台都可以看见。[②]

2.1 电影市场

传统电影市场由投资方、制片方、院线发行方、院线组成，投资方负责电影投资，在传统电影市场上，电影投资、制片、发行、院线的每一环节都有很多市场竞争者，可以说每一环节都可成为单独的相关市场。然而，随着互联网的发展，网络内容平台打通了传统上各自独立的电影投资市场、制作市场、发行市场、传播市场，还新生了在线票务平台市场，形成了统一的电影平台市场。[③]

具体而言，在网络时代，互联网成为了重要的电影发行与传播渠道，无论是传统的电影制片方还是新兴的互联网制片者，都需要依赖主流的视频媒体播放渠道对影片进行网络传播。而且，作为具有资本与平台优势的网络视频平台，其可以较低成本同时涉入电影投资、电影制片、电影发行市场，形成一个聚合的网络电影视频平台。例如，腾讯视频除了从事网络电影发行传播外，还成立了腾讯影业，专门负责电影制作投资，可通过投资行为确保影片在腾讯平台优先或独家发行，以获得独特的内容优势。除了投资电影制作外，腾讯还自己涉足制片领域，通过聘请导演、演员等方式进行自制剧的制作，增强腾讯平台上内容的独特性。

另外，网络电影视频平台还涉足传统院线的票务业务。传统的电影票务由院线控制，但是随着互联网成为人们消费的主要渠道，通过网络购买电影票成为当下的主要方式。由此，内容平台可以利用平台的用户基数优势，涉足电影票务业务，当前主要的互联网票务有猫眼票务、淘票票、微淘、糯米票务，分别由美团、阿里、腾讯和百度控股。大型的网络内容平台打通了传统电影市场各自独立的上下游市场结构，将传统的电影投资、电影制片、电

① 曾田:《网络内容平台反垄断问题研究》,《知识产权》, 2019 年第 10 期，第 49-50 页。
② 同上注，第 50 页。
③ 同上注，第 51 页。

影发行、电影票务市场整合在一起，形成了一个独立的网络电影平台市场。

2.2　游戏市场

传统上，游戏市场主要由制作方、传统终端发行方组成，制作方主要负责游戏的制作。与传统电影市场一样，传统游戏市场的制作方与发行方整体上相互独立，游戏制作市场与游戏发行市场各自存在激烈的竞争。然而，随着互联网的出现，游戏市场也逐渐成为一个整合的平台市场。

具体而言，互联网同样成为游戏的主要发行渠道，传统的游戏制片方除了选择传统游戏机终端发行外，还可选择通过网络发行。主流的网络内容平台控制着网络游戏的发行，在 PC 端主要是通过网络内容平台建立的游戏聚合平台，例如腾讯的 Wegame 发行；游戏聚合平台省去玩家通过每个游戏官网下载程序的繁琐过程，节约了搜索成本与交易成本，是网络游戏 PC 端发行的趋势。在移动端，主要通过应用市场，例如应用宝、应用商店等发行渠道。除了负责游戏网络发行外，网络内容平台还通过收购或成立游戏制作工作室的方式涉足游戏的制作市场，例如除自己雇用游戏制作者制作游戏外，腾讯公司与网易公司还收购了大量的独立游戏工作室，以独特的游戏内容吸引玩家加入。网络内容平台将传统的游戏制作、游戏出版发行、游戏销售等环节整合在一起，形成一个整合度很高的网络游戏平台市场。

除此之外，近年来网络游戏直播的流行催生了网络直播市场，即玩家通过直播平台将自己玩游戏的过程记录并传播。网络游戏平台基于网络游戏与网络用户优势，也快速进入了游戏直播市场，并尝试利用捆绑搭售等方式增强自身在游戏直播市场的竞争力。

2.3　音乐市场

传统音乐市场主要由音乐制作方、传统唱片制作与发行方，唱片销售方组成，各个市场相互独立，相互制约。随着网络音乐平台的出现，打通了传统音乐市场各自独立的上下游市场结构，形成了一个整合度高的网络音乐平台市场。

一方面，随着网络技术的普及，网络的数字音乐传播替代了传统唱片传播方式，成为了主要的音乐作品传播与销售途径；另一方面；网络音乐平台还通过收购独家音乐版权、签约歌手等方式整合了传统的音乐制作市场与音乐版权许可市场，使网络音乐版权聚合在大型的音乐平台。网络音乐平台还可基于自己独特的内容优势，涉足更多的音乐传播与衍生品二级市场，例如在线 KTV 市场等。由此，与电影市场、游戏市场一样，传统音乐市场相对独立与分散的市场结构被一体化的网络音乐平台所取代，形成了一个整合度高的网络音乐市场结构，聚合性的网络音乐平台独家交易等排他性行为引起反垄断争议。

综上，网络内容平台还可以低成本的形式进行传统上下游市场的整合，构建内容生态市场。数字环境大大降低了内容产业中上下游市场整合的成本，传统上，内容的创作、生产、发行、传播与销售都是分开的，产业链上任意一个环节主体想涉足另一环节都需要耗费大量的人力物力成本。但是，对于网络内容平台而言，数字内容产品的生产不需要厂房、机器与工人，数字内容产品的传播不需要依靠分销商与销售商，所有的内容生产传播都可在数字平台上实现，成本几乎为零。由此，网络内容平台将传统的内容创作、发行、传播、销售市场整合在一起，进行一体化运营，共同组建成网络内容平台市场。这在电影、游戏、音乐等各个领域的内容平台都有呈现。这不仅降低了交易成本，还增强了网络内容平台的规模效应，稳固其竞争优势地位。而且，具有资本与规模优势的网络内容平台不仅能够对传统领域上下游市场进行纵向整合，还可将横向上相区别的电影、游戏、音乐等内容都聚合在一个内容平台上，构建大型的内容生态市场，对潜在的新进入者带来难以逾越的市场进入壁垒。

（二）“赢者通吃”的平台属性

1. 双边市场与强间接网络外部性

网络内容平台属于数字平台的一种，通常表现为特殊的“双边市场结构”，即一个市场中有两种不同类型的消费者，平台同时向两边消费者提供产品与服务，两边消费者具有需求联动性，一边的市场消费者对产品与服务的需求取决于另一边市场消费者的需求。不同类型的数字平台双边市场连接的消费者类型不同，例如操作系统平台市场一边连接着软件开发者，另一边连接软件消费者，软件开发者的数量影响了该操作系统对软件消费者的吸引力，反过来软件消费者规模的大小决定了该操作系统对软件开发者的吸引力。对网络内容平台而言，其双边市场一边连接着内容消费者，另一边则连接广告服务商，内容消费者的数量决定了该数字内容平台对另一边广告服务商的吸引力；反过来，广告服务商数量的多少也会对另一边的内容消费者产生影响，即广告收益的减少会相应降低内容消费者所享受的内容产品与服务的质量。

无论何种类型的数字平台都具有“间接网络外部性”，产品与服务对一边的市场消费者效用的大小取决于另一边市场中消费者的数量大小，这种特殊的“双边市场结构”与“间接网络外部性”使得数字平台需要采取特殊的价格策略内化间接网络外部性，在平衡双边市场消费者利益的同时确保双边市场的消费者进入。对于网络内容平台而言，由于“间接网络外部性”的存在，其将对价格需求弹性低的内容消费者采取低价或免费策略，确保吸引足够多的内容消费者使用该平台，并对价格需求弹性低的广告服务商消费者采取高价策略，以补贴为内容消费者端提供内容产品与服务的成本，同时获得收益。虽然传统的报刊杂志领域也存在一定的“双边市场结构”与“间接网络外部性”，但是网络内容平台的双边市场特征会强于传统内容产业，这源于数字经济时代数据驱动竞争的特性。

2. 数据流量驱动竞争特性

所谓的数据驱动竞争是指数字平台为获得更多数据或流量所展开的竞争。数据影响市场主体的决策过程与决策能力，有利于减少决策与竞争中的不确定性，使企业决策者能够更好地了解市场环境，并根据更准确的信息作出选择。由此，在数字经济时代，所有的数字平台都是围绕获得更多数据或流量而展开竞争，网络内容平台也不例外。一方面，正如前文所述，网络内容平台是双边市场结构，在双边市场结构中，一边的市场用户数量的增加可以反过来增加另一边的市场用户，例如，网络内容平台上消费者数量增加，即网络内容平台流量的增加，可以使内容平台上广告投入的收益增加，从而刺激网络内容平台市场中广告消费者数量的增加，呈现出规模效应竞争优势。另一方面，用户流量意味着大量的用户数据，数据是数字经济时代的“石油”，大量的用户数据不仅可以帮助其改善向用户提供的服务质量，增加用户基数，还可以帮助广告客户进行用户消费习惯分析，实现精准广告投放，带来更高的广告费率收益；该收益又可补贴平台在“免费”模式下为用户提供服务的成本，实现良性循环。

在数据驱动竞争的背景下，网络平台获得大量用户数据的前提是占据大量的用户，获取足够多的“消费者注意力”，在数字经济环境下，稀缺的不再是信息本身，而是信息接收者的注意力，即信息接收者为接收信息所消耗的时间。[①] 内容版权具有排他性，拥有版权的主体可以阻止他人传播相同的内容，由此网络内容平台常常通过获得独家的内容版权、改善内容传播模式、提高用户体验等方式吸引消费者注意力，提高平台的竞争力。除此之外，消费者注意力是一种资源，每个人的注意力都是有限的，对注意力的竞争是一场零和博弈，某平台获得消费者注意力的同时，其他平台就失去了该注意力。[②] 由此，在数据驱动的“消费者注意力”或“流量”竞争的层面上，内容平台、搜索引擎、社交媒体、购物平台等在传统上看来泾渭分明的市场主体都是相互竞争的。这种由数据驱动的竞争关系是跨领域的、开放性的、无处不在的，传统的市场竞争关系被重构，在过去看来毫不相干的主体之间，或主动、或被动地展开了直接竞争。

3.“赢者通吃”的内容平台聚合局面

网络内容平台是双边市场结构，两边市场的消费者对其而言都是必不可少的，且双边市场消费者具有需求联动性。[③] 由此，为了使双边市场都有足够多的消费者，网络内容平台必须解决用户基数问题，即所谓“鸡生蛋与蛋生鸡”的难题。这决定了网络内容平台具有高固定成本与低边际成本的特性。所有的数字平台都具有高固定成本、低边际成本的特点，对于网络内容平台而言，其高昂的固定成本归结于购买大量优质内容版权、获得用户基数的成本。优质内容版权对于消费者而言具有强大的吸引力，内容平台需要通过购买大量的独家或非独家优质内容版权吸引用户的注意力，并以免费或补贴的形式帮助建立用户基数。由于不同内容平台的资本水平不同，从而决定了它们所拥有的内容版权的质量与规模存在很大差异，有能力获得大量优质内容版权的平台将获得显著的竞争优势。且不同于传统产品，数字内容的多次传播成本趋于零，即数字内容产品的边际成本极低，这种高固定成本与低边际

① *See* Herbert A.Simon, *Designing Organizations for an Information-Rich World*, The Johns Hopkins Press, 1971, p.40.

② *See* Matthew B.Crawford, *The World Beyond Your Head : On Becoming an Individual in an Age of Distraction*, Farrar, Straus and Giroux, 2016.

③ *See* David S.Evans, The Antitrust Economics of Multi-Sided Platform Markets ,*Yale J.on Reg*, Vol.20, 2003.

成本的特性使得网络内容平台具有明显的规模效应，这种规模效应不仅体现在用户增长产生的需求方规模经济，还体现在内容供给方产生的规模经济。内容平台上供给的内容越多、功能越全面，对于消费者而言就越不可替代。

网络内容平台所拥有的用户数据将随着用户数量的增加而不断增加，其所拥有的数据的价值也会随着数据规模的增加而增加。用户数量的增加意味着内容平台可收集到的用户数据也越来越多，从而可以从海量用户数据中挖掘出更多的消费信息，使其更好地了解消费者的偏好及需求，并根据消费者的偏好与需求提高产品与服务质量，吸引更多用户使用该平台的产品与服务，收集更多的用户数据，实现良性循环与规模经济。总的来说，具有用户与内容优势的网络内容平台容易基于规模效应产生在整个网络内容生态市场上“赢者通吃”“一家独大”的自然垄断局面。

三、内容平台版权滥用规制的必要性

（一）内容市场与优质内容瓶颈

内容与媒体市场的竞争问题被人们激烈讨论了十多年，如今在网络内容平台市场继续受关注。2017 年，网易云音乐就腾讯音乐采购大量音乐作品独家版权并拒绝转授权的行为产生争议，最终国家版权局约谈了四家音乐平台与二十余家国内外唱片公司，要求禁止采购音乐作品的独家版权，要求腾讯音乐 99% 的音乐作品版权都需要转授权给网易云音乐。2015 年，华多公司就网易公司限制用户不得在虎牙平台与 YY 平台转播网易公司旗下的《梦幻西游 2》网络游戏，及其《梦幻西游 2》网络游戏与网易直播软件（即网易 CC 软件）的捆绑行为提起诉讼，起诉其行为构成滥用市场支配地位。[①]

随着传播技术的发展，复制与传播信息的成本下降，大大降低了内容市场的进入壁垒，但是，按照 Weeds 的话来说，租金将来自对稀缺内容的控制，

① 参见（2015）粤知法商民初字第 25 号；（2918）粤民终第 552 号。

而不是对传播手段的控制。[①] 换句话说，在网络时代，传播渠道不再难以获得，内容变得相对稀缺，尤其是优质内容。所谓优质内容可以被定义为特殊的信息商品，从消费者的角度看，其特征是，其他内容对优质内容的替代性较低，例如关键的体育赛事节目、影院大片、热门游戏、最受欢迎的金曲等。[②] 确实，对于热门的足球比赛而言（例如世界杯、欧冠联赛），常常是消费者选择订阅付费电视的主要驱动力，[③] 此时，若付费电视运营商无法获得世界杯或欧冠联赛的转播权，那么对其而言就非常难在付费电视领域获得市场份额，甚至可以说，优质内容对于这些运营商来说是关乎生存的关键性资源。[④]

对于优质内容的市场进入瓶颈的讨论自 19 世纪传播技术的发展便逐渐火热，并在有线付费电视领域达到高潮。欧盟委员会在其决定中将优质内容视为提供视听内容服务运营商的"必要投入"。[⑤] 大量已发表的文献都在讨论获取优质内容对视听服务运营商的重要性。对于提供视听内容服务的运营商来说，优质内容是吸引消费者支付订阅费与广告商投入广告的关键性资源，如果视听服务运营商没有办法获取优质内容，将很难获得或保留市场份额。[⑥] 对于新的内容运营商而言，想要进入市场必须播放节目内容，以使其有能力吸引消费者，并与现有的内容运营商相竞争，由此获得播放吸引消费者的优质内容的许可，对于内容市场的潜在进入者而言至关重要。然而，获取优质内容并非易事，首先，相对于普通内容而言，优质内容相对较少，一年只有少数大片与优质的体育赛事；其次，涉及优质内容的合同往往具有某种形式的独占性或排他性条款，占据市场支配地位的内容运营商常常试图垄断这些优质内容的版权以弱化竞争对手。所以，优质内容本身的稀缺性以及独占性导

---

① *See* P.Seabright & H.Weeds, *Competition and Market Power in Broadcasting: Where Are the Rents? in The Economic Regulation of Broadcasting Markets*, Cambridge University Press, 2007, p.47.

② *See* Antonio NICITA & Maria Alessandra ROSSI, Access to Audio-visual Contents, Exclusivity and Anti-commons in New Media Markets, *Communications & Strategies*, No.71, 3rd quarter 2008, p.81.

③ *See* Commission Decision 2004/311/EC of 2 April 2003, Newscorp/Telepiù, Case COMP/M.2876, OJ L 110 of 16 April 2004 pp.73-125 at § 66.

④ *See* Damien Geradin, "Access to Content by new Media Platforms: A Review of the Competition Law Problems", *Forthcoming in the European Law Review,* February 2005, p.2.

⑤ *See* Commission Decision of 13 October 2000, Vivendi/Canal+/Seagram, Case No IV/M.2050, OJ C 311 of 31 October 2000 p.3 at § 19.

⑥ 同注④。

致了获取优质内容的成本异常高昂，正是基于此，许多有价值的优质内容成为了纵向一体化的内容运营商进行长期独家排他性授权的对象，获取优质内容成为影响内容产业创新与发展的主要瓶颈之一，[①]也成为内容产业规制的主要对象之一。

以有线电视付费市场为例，欧盟在20世纪末期采取了一系列措施确保有线付费电视服务商对优质内容版权的获取。具体而言，欧盟委员会主要采取两种措施应对优质内容瓶颈：（1）通过在优质内容获取市场打开独家交易瓶颈；（2）在优质内容传播和运营市场上分离优质内容的独占性。早在1982年初，欧洲法院在Coditel II一案中确定了优质内容版权独家交易存在潜在的反竞争效应，并从独家许可的内容范围与时长衡量其反竞争性。[②]在ADR一案中，欧洲委员会豁免了一个长达15年的大型电影库的版权许可独家协议，条件是权利获得者必须在次级市场非排他性地许可这些权利。[③]在欧洲联盟冠军联赛（UEFA Champions League）一案中，欧盟法院对优质内容的独家交易行为监管更加严格，直接要求权利持有人分享对欧洲联盟冠军联赛的播放许可权利，并要求权利人将内容分为几个权利包，防止内容涉及的权利联合销售行为阻碍在权利获取市场的竞争，并影响下游的广播与付费电视市场。[④]在英超联赛案中，欧洲法院更是引入了“非单一买家”原则，限制英超联赛相关权利的独占性交易。[⑤]2005年，欧盟委员会还启动了关于3G运营商获得优质体育内容电视播放权利的调查研究，计划为新技术的出现打开内容市场。[⑥]事实上，即使采取了上述措施，也很难确保优质内容独家交易的情况不会出现，由此，除了在优质内容版权获取的初级市场限制独家交易外，欧盟委员会还

① *See* Damien Geradin, “Access to Content by new Media Platforms: A Review of the Competition Law Problems”, *Forthcoming in the European Law Review,* February 2005, p.4.

② *See* Case 262/81, Coditel SA, Compagnie generale pour la diffusion de la television, and others v.Cine-Vog Films SA and others[1982] ECR I-3381.

③ *See* Commission Decision of 15 September 1989, Film purchases by German television stations OJ(1989)L 284/36.

④ *See* Commission Decision of 23 July 2003, UEFA Champions league, OJ(2003) L291/25.

⑤ *See* the Commitments submitted by the FA Premier League to the European Commission, Case 38173, FA Premier League of 22 March 2006, OJ 2008 C 7/18.

⑥ *See* Issues Paper on the preliminary findings of the sector Inquiry into New Media(3G), Brussels, May 2005.

在优质内容的次级市场对独家优质版权进行分离。在 NewCorp/Telepu 一案中，欧洲法院要求合并后的企业将其优质电视节目频道内容的权利以非独占性与非打包许可的方式许可给与其竞争的视听内容服务提供商，[①] 在 Sogecable/Canal Satelite Digital/Via Digital 一案中，要求市场主体将所有优质体育赛事内容与优质电影频道内容的版权以公平、合理、无歧视的 FRAND 原则许可给与之竞争的视听内容服务提供商。[②] 由此，针对有线付费电视领域存在的内容瓶颈，促进有线付费电视领域的有效竞争与创新，欧盟委员会采取了多种措施，确保不止一个电视运营商可以获得并利用优质电视内容。

可以预见到，随着 5G 时代的来临，内容与媒体市场将迎来新的变革，不仅收入翻番，还将进一步改变内容与媒体市场的商业模式与市场结构，使得内容更加聚合在大的内容平台手中。但无论内容与媒体市场的市场结构如何变化，"没有内容就不能成功进入市场" [③] 这一条规则不会改变。对于内容与媒体市场的主体与潜在市场进入者而言，拥有优质内容的独家版权至关重要，可以说，使用独家优质内容锁定用户注意力是当今内容与媒体市场主体的主要竞争手段，而该行为将有可能阻碍内容产业的竞争，抑制进一步的创新与发展。

（二）版权滥用规制的正当性

1. 市场失灵与规制必要性

版权客体的"公共物品"属性容易带来市场失灵的结果，即智力成果创造者无法控制他人使用其智力成果，而智力成果的研发与创作需要耗费权利人大量的时间与金钱成本，他人的"搭便车"行为将降低创造者智力成果的市场价值，降低创造者可获得的利益，长期以往将使得创造者不愿意投入成本进行创造活动，减少智力成果的产出，带来市场失灵的结果。由此，法律对创造者的智力成果进行版权保护，以矫正市场失灵，激励智力成果创造者

---

① *See* News Corp/Telepiu, Commission Decision of 4 April 2003, OJ(2004) L 110/73, 81.

② *See* the Decision of the Council of Ministers of 29 November 2002, *Sogecable/Canal Satelite Digital/Via Digital,* BOE(2003).

③ *See* Ungerer Herbert, Introduction of competition in the communications market-The European Experience, Competition DG, Media and music publishing, 2001, p.16.

继续投入成本进行智力成果产出，促进社会科技文化产业的发展。然而，赋予智力成果版权保护虽然解决了“公共物品”带来的市场失灵局面，但有可能产生新的市场失灵现象，即权利人利用版权获取垄断性利益，损害创新与竞争，减少消费者整体福利，这需要公共政策与法律介入矫正。

在经济学的“经济人”假设中，从事经济决策的主体都是具有理性的，他们进行行为选择的最终目标是为了自己的利益最大化。市场参与者的自利倾向是市场资源进行合理分配的重要条件。英国经济学家和哲学家亚当·斯密在其著作《道德情操论》与《国富论》中描述了在行为人自利的背景下，个人利益与社会利益的协调，这种协调是通过自然和谐或“看不见的手”实现的。斯密认为，参与经济活动的个人都倾向于追求他们的个人利益，在此过程中，“看不见的手”引导着个人的自利行为，实现社会整体利益，即使这不是个体的本意。在自利的引导下，生产者期待利润最大化，消费者追求效用最大化，劳动者将寻求最高的工资。在此背景下，每个个体都是理性的，每个人都在个人利益最大化的情形下作出选择，而这些选择将会相互作用，最终推动整个团体达到某种均衡。社会中的每个个体追求最大化个人利益的行为将驱使社会整体利益的实现。每个人都追求自己的利益，往往使他能比真正处于本意的情况下更有效地促进社会的利益。① 正如英国经济学家哈耶克将“看不见的手”视为一种自发的秩序，虽然每个人都无意于追求社会整体利益，但是有一只“看不见的手”引导每个人的自利行为，最终形成社会福利。市场交换中的这种自愿和互利使得行为人只有在重视他人利益的情况下才能实现个人利益，从而使社会实现某种繁荣、和谐的状态。

然而，在自利的引导下，市场中的版权所有人将不可避免地采取一系列策略以实现版权最大化收益。不同于一般有形财产，版权的客体的抽象特性为版权所有人带来了很多市场策略选择。在版权领域，权利客体为抽象的信息，版权人有权阻止他人未经许可使用与此相同或相类似的信息。如果说，普通财产权上的排他权能是针对他人妨害的积极防御，那么抽象物财产权上的阻止权能就是对他人行为的积极控制，其对他人行为的影响程度与影响范围都超越了普通财产权的界限。由此，澳大利亚学者彼得·德霍斯教授认为，

① [英] 亚当·斯密：《国富论》，郭大力、王亚南译，商务印书馆 2014 年版。

抽象物财产权具有超越一般财产权的主权的效果，尤其当他人对抽象物的使用产生依赖关系时，权利人可基于依赖关系对其进行威胁或强迫。①

正如上文所述，优质内容版权是内容与媒体市场参与者的“关键性资源”，关乎内容市场主体的生死，没有优质内容版权就不能进入市场。对于版权人而言，阻止竞争者获取优质内容版权是排除竞争与获取利益的有效手段。一方面，阻止策略可以阻止他人对优质内容版权的接触，以独家优质内容锁定消费者注意力，增加自身在内容与媒体市场的竞争优势地位。竞争者若想要与之竞争，必须从无到有地自己创造出优质内容，吸引消费者注意力，这几乎是不可能完成的事情；另一方面，版权人还可以利用优质内容版权瓶颈设置市场准入门槛，阻止有竞争威胁的竞争者进入市场。版权人还可以基于优质内容版权瓶颈在交易中较高的谈判优势地位对被许可方进行“劫持”，强迫其接受不合理的交易条款，迫使使用者接受垄断性高价或搭售等不平等规则。虽然拥有版权并不代表拥有市场支配地位，但是拥有相关市场中关键资源的版权无疑能够增强市场主体对市场准入与竞争的控制。在自利心的引导下，权利人会以垄断性利润，带来市场失灵的结果。获取优质内容版权的交易市场遭受着严重的市场失灵，只有占据主导地位的内容运营商才可获取这些内容。②

版权制度是公共政策制定者为了激励创新与创作，赋予权利人在一定期限内获取对其智力成果带来的垄断性收益的制度，激励创新无疑是版权制度设立的终极目的。熊彼特将创新定义为“一种新事物在商业或产业上的适用”，包括新产品、新生产工艺或新方法、新的市场或新的供应来源（a new market or sources of supply）、新的商业组织形式等。③创新不仅产生于最初的智力创造活动，也产生于对智力成果的传播和使用过程，包括内容产品创新、商业模式创新。对于内容与媒体市场而言，一方面，有效的竞争压力能够给优质内容版权所有者带来创新激励，促使其创作出更多优质内容或提升自己

① [澳] 彼得·德霍斯:《知识财产法哲学》，周林译，商务印书馆 2017 年版，第 225-227 页。

② *See* Damien Geradin, “Access to Content by new Media Platforms: A Review of the Competition Law Problems”, *Forthcoming in the European Law Review,* February 2005, p.5.

③ *See* Schumpeter, J.A., and Opie, R., *The theory of economic development: An inquiry into profits, capital, credit, interest, and the business cycle*, New Brunswick, N.J.Transaction Book,1983.

的内容服务水平；另一方面，在优质内容传播市场的创新都需要以接触与获得优质内容版权为前提。对于内容产业而言，单个内容版权就有许多个次级内容传播市场，如果优质内容版权控制者阻碍次级市场主体对内容的接触和使用，无疑将阻碍传播市场的创新，例如，如果主要热门游戏的版权人一开始就阻止传播者获取和使用其游戏内容版权，则可能不会出现新兴的游戏直播市场。因此，内容与媒体市场的有效竞争对内容产业创新同样重要，在进行版权保护的同时，内容与媒体市场需要法律规制介入保证优质内容资源的接触，以保持一定程度的竞争。然而，在获取垄断性利益的自利心驱使下，具有资本实力的内容市场主体将会尽可能地选择独占优质内容版权，控制或阻止竞争者获取和接触优质内容，以获得独特的竞争优势地位。即使优质内容版权控制者愿意进行版权许可，也可能基于强大的交易谈判地位，迫使被许可人接受不合理的对价，以获取垄断性收益。总之，在自利心驱使下，内容与媒体市场的参与者无法通过自由协商来解决优质内容版权瓶颈的问题，这需要公共政策与法律的干预。

2. 集体行动逻辑要求法律规制主动介入

另外，根据美国当代经济学家曼瑟·奥尔森论述的集体行动逻辑的存在理论，版权制度促进创新目的的实现将遇到阻碍，需要法律规制干预。

2.1　公共利益的“搭便车”

自利的版权人在选择行为策略时，并不会考虑该策略对创新与市场竞争秩序的消极影响，为了最大化个人利益，将采取破坏创新与竞争秩序的行为策略，通过阻碍创新、维持垄断的策略获得个人利益。虽然某些行为策略的选择将损害创新与竞争的集体利益，但是集体利益的损失分摊到每个个体中，损失就变得微乎其微，个人将很难有动力付出较高成本阻止这种损失的发生，尤其是当损害集体利益能够获得高昂的个人利益时，自利的个体将选择实现自我利益的最大化，牺牲集体利益。由此，自利的版权人将懈怠于促进社会创新与自由竞争秩序，并利用版权的特殊性，采取各种策略实现自我利益最大化，最终导致的结果是版权在运行中逐步背离设立初衷，损害社会整体利益。而且，由于版权小集团的存在，版权所有者的个人利益将不断凌驾于集体利益之上，最终损害社会整体福利。

2.2 少数利益影响政策制定

在版权领域，版权的特殊性使其在商业竞争中至关重要，现实中，版权成为一项重要的独立资本。一方面，国家版权政策的变动将会对大的版权所有者，即大型的商业主体的利益，产生重大的影响。此时，重大商业利益驱使着大型市场主体，尤其是垄断型产业的市场主体，将组织起来采取游说策略强化其共同的商业利益。例如，以迪士尼为代表的文化产业巨头不断向政府部门游说，要求扩大版权保护。另一方面，除了商业利益驱动外，只有大型的商业主体，尤其是垄断型的少部分市场主体，才有能力和动力负担高昂的游说成本进行政策游说。

关于游说成本，奥尔森在书中描述到，一个游说组织要开展相当规模的活动，如果遇到很大的阻力，还需要一大笔钱，需要公共关系专家来影响报纸舆论，并且还要进行广告宣传。也许还需要职业组织者组织忧心忡忡的产业中的生产者召开“自发的基层”会议，并让产业中的人士写信给他们的国会议员。[①] 这一争取政府帮助的活动不仅要花费时间，还要花费巨额的金钱。由此，对于自利的个体而言，其愿意为集体利益付出成本的唯一原因在于其付出的成本可以带来更高的收益。此时只有为重大商业利益驱使的少数大企业才有动力这样做。

总之，版权的特殊性使得其在商业竞争中至关重要，现实中版权成为一项重要的独立资本。版权政策的变动将会对大的版权所有者，即大型的商业主体的利益，产生重大的影响。此时，重大商业利益驱使着大型市场主体，尤其是垄断型产业的市场主体，组织起来采取游说强化其共同的商业利益。优质内容版权是稀缺的，创造获取优质内容或获取优质内容版权无疑需要耗费高昂的金钱成本，优质内容版权存在瓶颈这一现实更是加剧了获得其版权的难度，这导致的结果是优质内容资源控制在少数大的媒体集团手中。根据奥尔森集体行动的逻辑，[②] 这些占据垄断性利益的“小集团”（少部分市场主体）更可能组织起来游说，以获得符合其利益的政策支持，而被损害的社会公众与小的市场主体难以发声，例如迪士尼公司曾两次通过游说延长了版权

① [美] 曼瑟·奥尔森:《集体行动的逻辑》，陈郁等译，上海人民出版社 2018 年版，第 170 页。
② 同上注。

保护期。由此，政策制定者需要更多对垄断性市场结构与市场行为进行关注，主动进行规制，否则将导致版权服务于少数市场巨头。由此，针对网络内容平台版权滥用可能产生的限制竞争风险，造成市场失灵局面，再加上集体行动逻辑的存在，大型网络平台对版权政策制定常常产生影响，故法律与公共政策制定者需要主动介入，对网络平台版权滥用行为进行规制。

第二章　版权法对版权滥用的制度安排

一、版权限制制度的利用

（一）版权滥用与版权法制度内规制

在版权及其产品的许可与销售过程中，往往会伴随着许多限制性条款，版权所有者拥有相当大的自由来制定在许可中的限制条件，但是这种限制条件也会受到合同法、反垄断法以及版权法中某些条款的限制。对于版权所有者自由许可转让权利的限制是否适当，在法经济学领域引起了激烈的争论。除了反垄断法的介入，版权法内部对许可中的版权滥用行为介入也同样重要。本部分针对版权法内部对版权许可中版权滥用的规制展开。

重视版权法内部对版权滥用行为规制的原因有五个：

首先，版权许可中版权滥用行为带来消极效果，某种程度上是版权政策失灵的结果，与整个版权系统与组成部门过度财产化息息相关，版权政策制定者必须更加充分认识到版权扮演着市场监管的角色。[①] 制定版权法的理论根据在于，补救创造性成果被他人搭便车而造成的市场失灵，由此有必要适度偏离自由市场原则，利用产权规则激励源源不断的创新。如果版权法因授予过度宽泛的权利而阻碍竞争，它将阻挫竞争者借鉴现有思想、作品和发明。如果版权法允许版权人通过许可或其他私人安排取得过度宽泛的权利，也会造成同样的问题。由此，版权法必须对限制竞争与创新的版权滥用行为进行规制，矫正版权政策失灵的结果，使得版权保护能够实现其最初制定时促进创新与产业发展的政策目的。与反垄断法不同，版权法并不是直接关注市场

① [美] 克里斯蒂娜·博翰楠，赫伯特·霍温坎普：《创造无羁限：促进创新中的自由与竞争》，兰磊译，法律出版社 2016 年版，第 13 页，第 451 页。

竞争，版权法关注垄断的主要原因是它对创新和获取公有领域知识具有潜在影响。[①] 版权法是创新的发动机，这一角色赋予版权法以独立的利益，竞争状况会影响企业携带创新产品进入市场的动机和能力。[②] 例如美国联邦最高法院基于版权法对电影专利公司（MPPC）的行为认定为滥用，不是因为该行为可能在短期内造成价格上涨，而是因为电影专利公司（MPPC）能够排斥其他制片人，进而接管整个电影市场。[③] 阻止影院放映竞争对手的影片给新影片的制作和分销造成了极大的障碍和反向激励，阻碍了创新。[④]

其次，区别于反垄断法，版权法可以规制的版权滥用行为范围更广，涉及更大的版权政策关注范围，有更多的规制方式。而反垄断法只涉及某些带来限制竞争后果的版权滥用行为，版权不仅可通过滥用制度或法定许可制度达到规制限制竞争的版权滥用行为的目的，也可以规制其他不在反垄断规制范围内的版权滥用行为，例如没有超越权利授予范围，或带来限制二次创新后果的版权滥用行为。而且，与反垄断法相比，版权法的规制更多样，其有两种规制方式，一是从授权层面进行限制，二是禁止某些合同或行为。反垄断法的规制只涉及后者。

再次，反垄断法所提供的经济分析框架并没有为分析版权滥用的所有内容提供一个适当的规制分析框架，反垄断法分析仅关注版权滥用行为对下游市场竞争者排斥的可能性。但是版权法与反垄断法不同，版权法对版权滥用行为的分析重点在于其是否导致了版权政策性目标的偏离，尤其应当关注该版权滥用行为对智力成果使用者与二次创新者的影响。具体来说，版权法对版权滥用的规制分析要决定，版权法是否需要帮助创作成果的传播与共享，是否要促进对智力成果的使用，是否采取措施防止改进者放弃二次创新等问题。当然，这并不意味着反垄断法对这些问题完全不感兴趣，但是这些问题并不是反垄断法规制的核心。

另外，近年来，随着新经济的发展，网络平台领域市场份额大小与限制竞争效应之间关系的经济学论证并不充分，加上自由市场理论的影响，法院

① [美] 克里斯蒂娜·博翰楠，赫伯特·霍温坎普:《创造无羁限：促进创新中的自由与竞争》，兰磊译，法律出版社 2016 年版，第 304 页。

② 同上注，第 306 页。

③ 同上注，第 304 页；另参见 Motion Picture Patents Co.v.Universal Film Mfg.Co., 243 U.S.502, 519 (1917).

④ 同上注，第 304 页。

利用反垄断法对版权滥用行为的规制非常谨慎，适用面正在缩减。有些学者认为高科技市场创造性破坏的竞争性质意味着市场力量的持续是短暂的，要求反垄断处理更加宽松，甚至在未来，反垄断法将很少介入高新技术产业，尤其是涉及纵向关联市场上的垄断问题。[①] 然而，随着版权相关技术与市场的发展与扩张，以及利益集团的极力游说，版权的范围正在不断拓宽，这种拓宽并不是简单地为创新提供更大激励，同时带来的是版权政策性目标不能实现、版权权利人利益与社会公众利益失衡的问题。例如引入法定许可制度、滥用制度、“转换性”使用的合理使用宽泛概念等，立法者与司法者都对版权扩张对政策性目的的实现的影响表示担忧。特别是新经济背景下，累积性创新与知识共享等特征，使版权政策制定者不得不更仔细考虑版权行使对技术发展与二次创新的影响。此时，在反垄断法适用范围摇摆不定的情况下，版权内部的限制显得尤为重要。

（二）版权限制制度规制的应然性

版权法对版权滥用行为的规制体现为对权利人行使版权行为的限制，版权法基于产权规则赋予权利人行使权利的自由，一般情况下并不对权利人行使权利的方式进行限制。但是当版权人利用版权不合理限制市场竞争，阻碍创新，使得版权法的立法政策目的无法实现时，版权法可利用版权限制制度对权利的行使进行调整。由此，版权法内部对版权人利用版权许可进行版权滥用行为的规制主要体现在版权限制制度上，版权限制制度发挥着矫正版权市场失灵、促进版权政策性目的实现的功能，其不仅可用来保护基本性权利与促进信息与知识传播，还可以用来矫正版权市场失灵，降低交易成本与防止垄断。通过版权限制制度规制版权滥用行为具有正当性。

1. 版权体系中的限制制度规制

版权法赋予了作者控制作品传播的权利，版权人可基于版权，禁止他人未经许可复制与传播作品，但同时，所有国家的版权体系都包含一系列限制制度，以确保版权法实现激励创作并促进作品传播、社会公众接触与文化产业发展的目的。广义上，版权法的限制制度贯穿了版权法的大部分内容，如

① *See* Linda R.Cohen & Roger G.Noll, “Intellectual Property, Antitrust and the New Economy”, *University of Pittsburgh Law Review,* Vol.62, p.453,473.

版权客体限制、版权期限限制、版权内容限制、版权行使限制等。版权具有地域性、期限性，除此之外，对于“有限表达”和属于“场景原则”的表达都不受著作权法的保护，且版权法保护的作品须具有独创性与可复制性。版权的权利内容法定，哪类作品享有版权、享有何种版权都由法律规定，未经版权法规定的作品类型与权利内容不能获得保护，且版权法还设置了包括合理使用、法定许可、首次销售等制度对版权权利行使进行限制。总之，版权限制制度是立法者划定版权边界的重要工具。

但是各国的版权限制制度略有不同，以“自然权利”为主导的欧洲国家偏向于采取灵活和开放性条款界定版权的经济权利内容，采取严格限制和封闭式的条款规定版权限制制度，由此欧洲法院倾向于将版权限制制度进行严格解释。欧洲版权指令提供了封闭式的版权限制内容列表，[①] 欧盟成员国只能在其范围内进行具体规定，不能规定其他限制制度。以德国与法国为例，其学者普遍认为法国版权法与德国著作权法规定的限制制度是封闭的，一旦有对这些限制制度的争议，必须做出有利于作者的解释；而以“功利主义”为主导的美国偏向于严格界定版权权利内容，采取开放和灵活性的版权限制制度，留给法院足够多的自由解释空间去界定未经许可的使用行为是否构成侵权。以四要素判定的合理使用制度为例，其并不像欧洲一般严格限制使用条件，当事人可以在大量不同情形中使用合理使用抗辩，法院在个案中根据具体情形分析是否满足合理使用的四要素，包括使用目的、版权作品的类型、使用数量、对权利人版权作品潜在市场价值的影响。近年，美国法院还引入了“转换性使用”的概念，使得合理使用判定的条件更加灵活。美国与欧洲国家版权限制制度规定的差异背后，是两个法系对版权法本质认识的差异。值得一提的是，随着传播技术与版权市场的发展，版权的“自然权利”本质被逐渐弱化，版权制度更多被认为是实现激励创作与促进社会文化发展的“公共政策”，具有工具性，[②] 版权限制制度对版权市场的规制与矫正功能也越来越被重视。

2. 版权限制制度规制的正当性

正如前文所述，版权限制制度旨在实现激励创作与促进作品传播、社会

---

① *See Directive on Copyright in the Digital Singles Market*, https://eur-lex.europa.eu/eli/dir/2019/790/oj.

②［澳］彼得·德霍斯:《知识财产法哲学》，周林译，商务印书馆 2017 年版。

公众接触与文化产业发展的目的，调和版权人与传播者、社会公众之间的矛盾，在平衡各方利益的基础上实现社会整体福利最大化。在这个过程中，各个国家的政策不同将导致利益平衡的结果不同。概括地说，版权限制制度通常被用来保护基本性权利、促进知识与文化传播或矫正市场失灵。

2.1　保护基本性权利与促进信息与知识传播

版权法赋予创作者的排他性权利可能与其他使用者的基础权利相冲突，这里的基础性权利主要是指他人的表达自由。版权法赋予创作者控制他人未经许可复制与传播其作品内容的权利，当使用者想要使用版权保护内容表达自己的观点与传递信息时，版权保护将给他人的表达自由施加限制。表达自由被认为是民主社会的基础，是社会进步和个体自我实现的基础，在《世界人权宣言》第19条和《公平权利和政治权利国际公约》第19条都保证了个体表达自由的权利。个体在政治领域、媒体领域、研究领域、文化艺术等领域都有自我表达的需求，表达自由实现的前提是个体能够自由接触和收集影响其观点的信息，并能够自由输出自己的观点。由此，各国版权法都基于对个体表达自由的捍卫规定了版权保护的例外，例如版权法只保护独创性表达而不保护思想，这意味着在自我表达中复制与使用他人作品中的思想不构成版权侵权。除此之外，对于为报刊报道或评论、批评某一作品的内容而使用该作品，通常被认为属于版权保护范围之外，以此保证观点的自由表达，例如《保护文学和艺术作品伯尔尼公约》第10条规定，从一部公之于众的合法作品中摘出引文，包括以报刊提要形式引用报纸期刊的文章，只要合理使用，在为达到目的的正当需要范围内，就属合法。① 我国《著作权法》第24条（二）规定，“为介绍、评论某一作品或者说明某一问题，在作品中适当引用他人已经发表的作品”，构成合理使用。在Campbell案中，美国法院指出被告的以商业目的对原告 *Oh，Pretty Woman* 歌曲进行戏仿的行为，可以通过对先前作品的戏仿创作出一个新的作品，其使用不同于先前作品的表达方式，传递了新的信息与含义，允许戏仿行为能够提高社会整体福利。②

另外，版权限制制度还常被用来促进信息与知识的传递。版权是法律为

① 世界知识产权组织:《保护文学和艺术作品伯尔尼公约》(1979年9月28日修订)，WIPOLex，https://wipolex.wipo.int/zh/text/283701.

② *See* Campbell v. Acuff-Rose Music, Inc., 114 S.Ct.1164 (1994).

促进创作者创作而赋予的对特定信息传播的控制权利，换句话说，在没有版权制度之前，这些信息都是处于公有领域的，无论是从社会文化发展还是从创作学习的角度，法律在赋予版权人控制作品传播的同时也需要确保足够多的信息与知识留在公有领域，以平衡权利人利益与社会公众接触信息与知识的公共利益。从法经济学角度，版权法赋予权利人排除他人使用作品的权利，造成了“接触与激励”之间的权衡（tradeoff）①，即在激励创作者创作的同时要保证社会公众对信息与知识的接触。例如，我国《著作权法》第24条规定，其（四）就发表关于政治、经济、宗教问题的时事性文章，其（五）就刊登或者播放在公众集会上的讲话，其（六）就为学校课堂教学或者科学研究翻译、改编、播放或者少量复制已经发表的作品，其（十一）就以国家通用语言文字创作的作品翻译成少数民族语言文字作品，其（十二）就以阅读障碍者能够感知的无障碍方式提供已经发表的作品，都属于版权侵权例外，构成合理使用。在保护权利人利益的同时，保证在特定的媒体、教学科研领域对作品的少量复制使用，使得少数民族与阅读障碍者群体能够获取信息与知识，并保证媒体对时事新闻的传播。

2.2　矫正市场失灵——降低交易成本与防止垄断

根据产权理论，赋予产权与市场自由激励了产权流转，产权规则可使权利人基于自由交易谈判，将资源流转至实现最大价值的人手中，从而促进社会资源的最优配置，实现帕累托最优。确实，制定版权法的初衷也是为了在解决公共物品问题的同时，给予创作者创作与传播作品的经济激励。然而，许多因素导致版权市场可以有效运转以实现该目标，对此，版权法需要采取措施解决市场失灵问题。

根据法经济学上的“卡梅框架”，立法者可采取“财产规则”或“责任规则”保护赋权利益，其中财产规则通过“禁令”与“惩罚性赔偿”等措施保护权利人免受未经许可的权利侵害，以迫使当事人在“禁令”与“惩罚性赔偿”威胁下进行交易谈判，以实现资源配置效率最大化。②除此之外，立法者

---

①［美］威廉·M.兰德斯，理查德·A.波斯纳：《知识产权法的经济结构》，金海军译，北京大学出版社2016年版。

② *See* Guido Calabresi and A. Douglas Melamed, “Property Rules, Liability Rules and Inalienability: One View of the Cathedral”, *Harvard law review*, Volume 85, No.6, 1972, pp.1089-1128.

也可采取“责任规则”，允许当事人在接受了法院或立法者制定的价格后进行权利利益的流转。[①] 采取责任规则的主要理由是，在一些情况下，高昂的交易成本将阻碍有效的合同谈判，最终导致资源流转的失败。正如 Lemley 指出，卡拉布雷西和梅拉梅德所提出的交易成本概念可以适用于一系列不同的场景：首先，同时与多个交易方订立合同往往困难且成本高昂，当交易成本高于合同实现可以带来的价值时，该交易就不会发生；其次，权利主体可能会采取策略行为，例如联合定价等，提高交易价格，高昂的交易价格将阻却交易的发生。此时，立法者采取责任规则可以绕过当事人自由谈判与交易的过程，使权利人在获得合理报酬的情况下促进权利流转，减少交易成本。[②]

责任规则也可以被政策制定者作为事前规范使用。在版权制度中，有许多事前规范的责任规则制度，例如法定许可、合理使用等。根据版权法规定，使用者不得未经许可使用版权作品，这意味着使用者在使用版权作品之前都需要获得版权人的许可，否则将构成侵权。当使用者使用的作品数量大时，例如制作汇编作品，需要就每一个作品向对应的作者获得许可，耗费巨大的时间与金钱成本，再加上网络环境中许多创作者是匿名状态，这都无疑增加了版权流转的交易成本。现阶段，版权制度已采取多种措施降低交易成本，例如采取版权集体管理制度、法定许可制度。事实上，法定许可常常用卡梅框架的交易成本理论论证其正当性，正如 Kristelia Garcia 所解释的：“法定许可制度发生在录音产业、有线广播产业，都涉及使用者个人需要与众多不同的权利持有人进行谈判的情况，其中需要耗费的时间和金钱成本都令人望而却步。”[③] 美国国会在制定有线电视广播法定许可制度的白宫报告中指出，每个有线电视广播主体就每一个节目信号权利进行谈判，获得转播许可是不适当的负担。[④] 由此，政策制定者引入了法定许可制度允许这些行业中的使用者可高效率地获得许可，减少交易成本，促进作品的传播。我国《著作权法》规

---

① *See* Guido Calabresi and A. Douglas Melamed, “Property Rules, Liability Rules and Inalienability: One View of the Cathedral”, *Harvard law review*, Volume 85, No.6, 1972, pp.1089-1128.

② *See* Mark A.Lemley & Philip J.Weiser, “Should Property or Liability Rules Govern Information?”, *Texas Law Review*, Vol 85, 2007, p.786.

③ *See* Kristelia A.García, “Penalty Default Licenses: A Case for Uncertainty”, *New York University Law Review*, Vol 89, 2004, p.1117, 1127.

④ *See* U.S.House of Representatives, Report, No.94-1476, 1976, p.89, https://law.resource.org/pub/us/works/aba/ibr/H.Rep.94-1476.pdf.

定了4项法定许可，[1] 使得报刊、广播电台、电视台、录音制作者等不需要耗费高昂的交易成本就能使作品一一获得授权，只需要支付合理的报酬就可直接使用已发表的作品，极大促进了作品的传播。除法定许可制度外，有学者认为，降低交易成本、矫正市场失灵也是版权法设立合理使用制度的主要原因。[2] 总之，降低交易成本是设置许多版权限制制度的重要原因。

另外，版权限制制度也偶尔被用来解决市场力量失衡，特别是当一方当事人聚集大量版权，使他们能够占据主要市场，收费高于市场价格时，[3] 这主要体现在版权滥用制度与法定许可制度的应用方面，无论是录音产业还是有线电视产业，在引入法定许可时政策制定者都表达出了对大型录音公司或者广播公司利用其处于高端的谈判地位进行垄断性要价、阻碍作品传播的忧悒。同样，版权滥用抗辩也主要发生在计算机软件产业，在许多案件中，法院以版权人行为具有损害市场竞争的理由拒绝实施版权。例如在 Lasercomb America 案中，法院并未认定被告破解原告技术措施并制作侵权软件复制件的行为构成侵权，而是认可了被告提出的版权滥用抗辩，因为原告版权人“试图通过其行使版权的行为在权利保护范围之外限制竞争”[4]。由此，版权限制制度也被用于规范产业实践，被用于防止垄断，促进市场竞争，促进某些产业中的版权交易，帮助使用者获得版权内容。本书主要讨论版权许可的版权滥用以及对下游市场创新与竞争的影响，下文将对版权滥用制度与强制性许可制度展开讨论。

二、版权法对版权滥用行为的事前规制

所谓事前规制是指在行为尚未发生前进行规制，版权法限制制度主要有首次销售原则、法定许可制度，合理使用制度具有事前与事后规制的双重特

---

① 我国《著作权法》规定的法定许可包括：(1) 其他报刊转载或作为文摘、资料刊登已在其他报刊上刊登的作品；(2) 表演者使用他人已发表的作品进行营业性演出；(3) 使用他人已发表的作品制作录音制品；(4) 广播电台、电视台使用他人已发表的作品制作广播、电视节目。

② *See* Wendy J. Gordon, “Fair Use as Market Failure: A Structure and Economic Analysis of the Betamax Case and Its Predecessors”, *Columbia Law Review*, Vol 82,1982, p.1600.

③ *See* Daniel A. Crane, “Intellectual Liability”, *Texas Law Review*, Vol 88, 2009, p.253, 270.

④ *See* Lasercomb America, Inc.v.Reynolds, 911 F.2d 970 (4th Cir.1990).

征。由于现阶段我国合理使用的列举中并没有直接涉及版权滥用行为的调整，而是在近年来合理使用的扩张适用中（例如游戏直播是否属于合理使用）进行了版权滥用的考虑，因此我们将合理使用制度放在了事后规制部分论述，这部分主要针对首次销售原则限制与法定许可制度进行论述。

（一）首次销售原则的利用

首次销售原则（the First Sale Doctrine）是对版权人的一种权利限制，源于权利穷竭原则，是指合法获得作品复制件的权利人可以未经版权人许可，对该复制件进行包括转售、出租或其他方式的处分。在我国，首次销售原则也被称为“发行权用尽”。根据有的学者对其关系的解释，“发行权用尽”起始于作品原件或复制件的首次销售，因此该学说又被称作首次销售学说。[①]实行这一原则的主要目的在于鼓励商品的自由流通，防止版权中的专有性质产生妨碍商品流通的结果。[②]

首次销售原则最早在 Bobbs-Merrill Co.v.Straus 案[③]中被确立，在 1976 年被纳入美国《版权法》第 109 条[④]，除了美国之外，其他国家也规定了首次销售原则，如德国《著作权与邻接权法》第 17 条（2）款[⑤]、日本《著作权法》第 26 条（b）（2）款、英国《版权、外观设计和专利法》第 18 条（2）款等[⑥]。理论上，首次销售原则的内涵在我国已被普遍接受，但是我国并没有关于首次销售原则的成文法规定，只有停留在理论上的讨论。在一些判决中，法官有提及首次销售原则（发行权用尽），例如在深圳大族激光与温州嘉泰激光一案中，法院在判决中指出计算机软件的复制品经合法发行后，复制品的

---

① 崔国斌:《著作权法原理与案例》，北京大学出版社 2014 年版，第 397 页。

② 郑成思:《版权法》，中国人民大学出版社 1997 年版，第 257 页。

③ *See* Bobbs-Merrill Co.v.Straus, 210 U.S.339 (1908).

④ 参见《美国版权法》（1976 年），第 109 条：拥有合法制作的作品复制件或录音制品的所有者，可不经过版权人许可，出售或以其他方式处置该复制件或录音。

⑤ 参见《联邦德国著作权法及有关保护权的法律》（1965 年 9 月 9 日），第 17 条：如果著作原件或复制物经在本法适用范围内传播的权利人同意以让与的方式进入流通领域，则允许该著作的再次传播。

⑥ 参见《大不列颠及北爱尔兰联合王国版权、外观设计与专利法》（1988 年 8 月 8 日），第 18 条 2 款：本编所涉及的公开发行作品复制件系指在联合王国或其他地方将先前未投入流通领域的复制件通入流通领域，而不包括：（1）任何其后对此种复制件的批发、销售、出租或出借，或者（2）任何其后向联合王国进行的此种复制件的输入。

所有人可以再次转让发行，著作权人无权予以制止，也就是说，就合法发行的软件复制品而言，著作权人发行权的权利已经用尽。①

1. 首次销售原则的产生与售后限制规制的关系

所谓售后限制（Post–sale Restrain），泛指卖家在商品首次销售之后对商品的使用方式与转让等作出的任何限制。售后限制主要由反垄断法根据版权滥用的法律规则调整而来，但是对售后版权滥用的规制并不局限于反垄断法。事实上，现代纵向分销限制正是起源于 19 世纪的知识产权法则，早于任何一部反垄断法。② 首次销售原则通过专利许可制度，以限制制造商对产品转售施加地域限制的方式执行着"反垄断法"的功能。③

具体而言，在美国 1853 年的 Boomer 案中，美国联邦最高法院首次宣布了首次销售原则，法院指出该机器转售到买方手中时，它就不再位于专利垄断的界限之内了。④ 在 1873 年的 Adams 案中，法院对首次销售原则进行了有力的阐述，该案涉及纵向地域限制，即棺材盖专利权人在其分销体系中，许可多个生产商在特定的地域范围内生产与销售棺材盖。其中 Lockhaart 和 Seelye 获得了在波士顿方圆十英里范围内生产和销售棺材盖的权利，其生产的棺材盖销售给被告伯克，伯克将棺材盖用于离波士顿 17 英里的一场葬礼上。对此，原告 Adams 起诉其行为违背了专利许可中的地域限制，构成专利侵权。⑤ 联邦最高法院在判决中指出，专利权人或者拥有其权利的人售出该机器或工具时就已经获得了对价，此后不再继续享有限制该等使用的权利，这一物品已经流转出了垄断的界限，对于这一具体机器或工具中蕴含的发明之使用，专利权人或其受让人所能请求的全部许可费或对价，已经由销售行为获得，此后买方可以自由使用而不再受制于专利权人垄断地位带来的限制。⑥

1908 年在 Bobbs–Merrill 案中，美国联邦最高法院将首次销售原则扩张适用于版权领域，并在 1976 年将该原则的内容纳入美国版权法。Bobbs–

① 参见浙江省温州市中院（2005）温民三初字第 24 号。

② [美] 克里斯蒂娜·博翰楠，赫伯特·霍温坎普：《创造无羁限：促进创新中的自由与竞争》，兰磊译，法律出版社 2016 年版，第 412 页。

③ 同上注，第 417 页。

④ *See* Boomer v.McQuewan, 55 U.S.539, 549 (1853).

⑤ *See* Adams v.Burke, 84 U.S.453(1873)；同注②，第 416-417 页。

⑥ 同上注。

Merrill 案涉及转售价格维持，比反垄断法规制转售价格维持早了三年。① 原告 Bobbs-Merrill 出版商出版了里弗斯的小说《孤岛求生》，并在该书的版权页上印了一则公告："本书售价 1 美元，任何零售商不得低于此价格出售，低价销售将被视为版权侵权。"禁止任何人以低于 1 美元的价格转售该书。梅西百货以 89 美分的价格销售该书，对此，出版商 Bobbs-Merrill 起诉其侵犯版权。② 联邦最高法院在判决中指出，版权法在保护版权所有人的复制和销售复制品的权利的同时，并没有创设一项权利，让他以通告的方式强加某种限制，未来的零售商只能以限定的条件销售该书……如果在排他性的销售权之外再加上一种控制未来零售的权利，并且通告必须按固定的价格进行零售，这就会授予一种本来没有包括在法律条文中的权利。③

值得一提的是，该案的背景并不仅是针对一家出版商试图进行转售价格维持控制图书分销系统，而是涉及整个图书产业范围内的卡特尔。1900 年，主要的图书出版商和图书销售商达成约定，要求所有的出版商固定他们出版图书的价格以防止图书折价销售，否则将不与之交易。④1903 年，梅西百货曾依据纽约反垄断法起诉美国出版商与销售协会，纽约上诉法院支持了梅西百货的主张，认为图书出版商与销售商约定的规则试图防止所有图书进行打折，无论其是否具有版权。⑤ 此后，美国出版商与销售商协会修改了规则，要求只包含版权书籍。随后 Bobbs-Merrill 对梅西百货提起了版权侵权诉讼，虽然最终该案判决依据的仍然是版权法，却透露了在这一背景下美国法院对防止图书出版商利用版权维持转售价格的反垄断行为的关注。

总的来说，在版权领域，虽然首次销售仅适用于对拥有版权的物品的销售流转，不包括其他对版权作品的复制与传播行为。首次销售原则的设立限制了所有者意图控制下游市场版权作品及其复制件的销售的能力，⑥ 体现了版权法内部对权利人的售后版权滥用行为的规制。

① *See* Adams v.Burke, 84 U.S.453(1873)，p.417.

② *See* Bobbs Merrill Co.v.Straus, 210 U.S.339(1908).

③ 李明德:《美国知识产权法》，法律出版社 2014 年版，第 327 页。

④ *See* Ariel Katz,The First Sale Doctrine and the Economics of Post-Sale Restraints, *BYU Law Review*, Vol.55, 2014, p.67.

⑤ *See* E.Bement& Sons v.Nat'l Harrow Co., 186 U.S.70, 91 (1902).

⑥ 同注④，第 57 页。

2. 首次销售原则对售后限制规制的正当性分析

2.1　反对限制产权让渡为首次销售原则的普通法基础

在迈尔斯博士案[①]中，美国联邦法院同时依据首次销售原则与反垄断法判决某专利药品的一个生产商与零售商之间的转售价格维持协议违法，并援引了反对限制产权让渡的普通法政策（Restrain on Alienation）。法院援引爱德华·柯克（Edward Coke）首席大法官的《利特尔顿评注》，即柯克《英格兰法释义》的第1卷。该卷通常被称为《柯克论利特尔顿》，该节的内容是："如果某人，占有……一匹马或者任何其他财产，无论是不动产还是动产，并且以受赠人或买方不得让渡该财产的产权为条件，将他在其中的全部利益或财产进行赠与或者销售，该条件无效，因为全部利益和财产都脱离了他，因此他没有任何恢复该利益的可能，并且这样做也违反贸易、交易以及人与人之间的谈判和缔约。"[②]在哈特曼案中，法官援引反对限制权利让渡原则推定转售价格维持行为限制竞争与贸易，其指出让渡权是动产，是一般财产权包含的至关重要的内容之一，限制产权让渡通常被视为有害公共政策，物品在不同人之间流转的极大自由最有利于该等公共政策的实现。对物品、物件、财产让渡的一般限制……通常被判无效。[③]

在随后的许多案件中，美国法院法官也表达了反对限制产权让渡为首次销售原则的普通法基础，例如发生在最近的Kirtsaeng案，涉及一名泰国学生将美国作者在国外印刷出版的教科书运到美国本土销售，以赚取中间的差价，对此，美国版权人起诉该学生的行为构成版权侵权，法院以首次销售原则（国际间的权利穷竭）驳回了侵权起诉。在判决中，法院追溯了反对限制产权让渡与首次销售原则的关系。首次销售原则源于普通法，正如17世纪柯克所解释的，普通法拒绝允许动产上的让渡限制，柯克强调应当留有足够的自由让产品买家之间在产品转售或以其他方式处置产品时进行自由竞争。美

① *See* Dr.Miles Medical Co.v.John D.Park & Sons Co., 220 U.S.373 (1911).

② *See* Edward Coke, *Institutes of the Laws of England: Or a Commentary Upon Littleton, Not the Name of the Author Only, But of the Law Itself*, Franklin Classics Trade Press, 2018；［美］克里斯蒂娜·博翰楠、赫伯特·霍温坎普：《创造无羁限：促进创新中的自由与竞争》，兰磊译，法律出版社2016年版，第422页。

③ *See* JohnD.Park & SonsCo.v.Hartman, 153F.24, 39 (6thCir.1907)；兰磊：《转售价格维持本身违法原则质疑：先例形成的历史探源》，《财经法学》，2021年第1期，第37页。

国法律也普遍认为，竞争，包括转售的自由，有利于消费者福利提高。[①]法院的观点表明，反对版权侵权救济的理由在于防止版权人从事限制竞争的行为。再比如，在Lexmark案中，法院将首次销售原则描述为一项“令人尊敬”(venerable)的原则，基于对限制权利让渡的敌意，专利法授予专利权人的权利并不包括在首次售出专利产品后“限制进一步让渡”，这样的行为从17世纪到现在都一直被厌恶，是损害社会公共利益的。[②]

法律不允许财产转让人通过限制受让人对财产的转让来限制其所有权，从而保持自己对财产权转让和使用的控制。传统上，反对产权让渡限制的理由在于其促进了财产的分散，使得财产不集中在少数富裕家庭中，确保资源是由当前所有者所控制，而不是先前的所有者，促进财产的转让，使得效用最大化的人获得该财产。[③]同样，在知识产权领域，虽然知识产权也是一项财产权，但是作为无形财产，知识产权比传统产权对他人的行为产生了更多控制。由此，在保证智力成果创造者获得足够多的经济激励后，首次销售原则能够帮助促进智力成果的流转与传播，防止知识产权人利用知识产权的排他性限制售后市场的自由竞争，以促进智力成果的充分使用，促进创新，推动社会科技与文化产业的发展。

2.2 利用首次销售原则规制售后版权滥用利大于弊

对首次销售原则的批判主要归纳于以下两点：①首次销售原则基于的售后限制将损害自由竞争的论点，缺乏经济学论证；②首次销售原则降低了知识产权人进行价格歧视的能力，长此以往将导致权利人只选择价格较高的区域销售产品，较低价格区域的人将无法获得该产品，降低了智力成果的使用率。对于第一点，当前首次销售原则与反垄断法常常同时被适用，法院在理解售后版权滥用的经济效果时往往存在争议，由于不能完满解释版权滥用行为何时能产生传统意义上的反竞争行为，即产出下降与价格上涨，反垄断法

① *See* Kirtsaeng v.John Wiley & Sons, Inc., 568 U.S.519, 538–39 (2013).

② *See* Impression Prods., Inc.v.Lexmark Int'l, Inc., 137 S.Ct.1523, 1527 (2017).

③ *See* Julia D.Mahoney, Perpetual Restrictions on Land and the Problem of the Future, *Virginia Law Review*, Vol 88, 2002 , p.739.

也从首次销售法则引入普通法对限制产权让渡予以关注。[①]

而且，首次销售原则有利于消费者和社会整体福利最大化，[②]利用首次销售原则规制知识产权人的售后版权滥用是利大于弊的。

首先，首次销售原则将随后的作品转售或以其他形式流转，脱离版权所有人的控制，[①]使得很多作品二级市场得以存在，包括作品的二次销售、出租等市场。例如，首次销售原则使得二手书店或者二手唱片店，以低于新产品的价格转售二手复制品，使得不能承担新产品价格的消费者能够负担得起，而且二手市场的竞争还有利于刺激新产品的价格下降。首次销售原则使得第三方能够以创新方式传递作品，刺激了新的商业模式，例如首次销售原则催生了专门提供电影 DVD 的租赁业务的 Netflix，也促成教材租赁服务的出现。[④]首次销售原则降低了公众获取智力成果的成本，促进了自由与开放市场的发展，使得产品能够从效用低的人手中，通过自由交易，转移至效用高的人手中，促进资源的有效分配。

其次，首次销售原则能有效维持知识产权售后市场的有效竞争，防止权利人利用知识产权在售后市场造成垄断。美国国会在《克莱顿法》第 3 条中规定售后版权滥用是会损害竞争的。[⑤]在 MPPC 案中，专利电影放映机卖方要求买方只能用它放映其影片，法院直接表明，执行这样售后限制的协议将会在制造和使用电影胶片方面造成垄断，该内容完全不在专利法授权的范围之内，如果它成立，将会严重损害公共利益。[⑥]首次销售原则能够解决由知识产权售后纵向销售限制带来的竞争威胁，通过否定知识产权人在知识产品售出后对产品流转与转售的控制能力，促进售后市场的有效竞争。

---

① *See* Dr.Miles Medical Co.v.John D.Park & Sons Co., 220 U.S.373 (1911);［美］克里斯蒂娜·博翰楠、赫伯特·霍温坎普:《创造无羁限：促进创新中的自由与竞争》，兰磊译，法律出版社 2016 年版，第 421 页。

② *See* The Department of Commerce Internet Policy Task Force, *White Paper on Remixes, First Sale, and Statutory Damages*, January 2016, p.36.

① *See* Paul Goldstein, *Goldstein on Copyright*, Third Edition, Wolters Kluwer Legal & Regulatory U.S., p.129.

④ 同注②，第 37 页。

⑤ 参见美国《克莱顿法》第 3 条：无论商品是否被授予专利，对其在一定地域内的使用、消费或零售、出租、销售或签订销售合同，是以承租人、卖者不使用其竞争者的商品作为条件，予以固定价格，基于回扣、折扣，如果该行为实质上减少竞争或旨在形成商业垄断，则是非法的。

⑥ *See* Motion Picture Patents Co.v.Universal Film Mfg.Co., 243 U.S.(1917).

最后，首次销售原则能有效遏制隐性卡特尔的存在。在Bobbs-Merrill案中，被告梅西百货并不是图书出版商与销售商卡特尔中的任何一方，即原告图书出版商是意图向第三人强制执行卡特尔规则。毋庸置疑，卡特尔是非法的，但是对卡特尔的规制需要直接证明卡特尔存在的证据，在寡头垄断的市场中，少数垄断的市场主体可以默契地串通，在表面没有任何非法行为的情形下实现卡特尔般的后果。事实上，知识产权市场往往都是由少数大型企业主导的，具有前述的隐性卡特尔风险。对此，首次销售原则可以有效地遏制隐性卡特尔的存在，促进版权作品的正常商业流转，维持版权售后市场的自由竞争。①

（二）法定许可制度的利用

1. 知识产权强制性许可规制概述

强制性许可又被称为“非自愿许可”，是指基于公共政策的目的，政府或司法机关授权自己或第三方使用知识产权标的物，而不需要权利人授权。尽管该规定可能在某种程度上剥夺了权利人的交易自由，但是考虑充分利用智力成果的公共利益比权利人持有的私人利益更重要，政策制定者选择在一定程度上限制权利人的自由。

知识产权领域的强制性许可最早的规定可追溯到1883年，《保护工业产权巴黎公约》第5条规定：本联盟各国有权采取立法措施规定强制许可，以防止由于行使专利所有权而可能产生的滥用，例如不实施权利。② 该规定内容在随后被扩展，并在《与贸易有关的知识产权协定》（TRIPS）第31条中进一步确认，即“未经权利持有人授权的其他使用”一节。该规定非常详细，设置了未经权利人授权的其他几个需要考虑的要求，包括：（1）强制许可需个案判定；（2）使用者需已按照合理的商业条款和条件，努力获得授权；（3）强制许可的范围和期限应当限于被授权的目的；（4）此种使用应当

① *See* Ariel Katz, The First Sale Doctrine and the Economics of Post-Sale Restraints, *BYU Law Review*, Vol.55, 2014.

② 参见世界知识产权组织（WIPO），《保护工业产权巴黎公约》（1883年），第5条，WIPOLex. https://wipolex.wipo.int/zh/treaties/textdetails/12633.

是非专用的，是不可转让的；（5）使用者应当向权利人支付适当报酬，同时要考虑此授权的经济价值等。[①] TRIPS 第 31 条的详细规定引起了大多数国家立法者的关注，并修订了其专利法，将强制许可的授予和特定的条件结合起来，例如：（1）改进专利的强制许可；（2）缺乏权利实施而颁布强制性许可；（3）基于社会公共利益颁发强制性许可；（4）在半导体领域内颁发强制性许可。基于这些规定，各国立法者与司法机关都普遍承认了"强制性许可"这一概念，并在立法中作出了规定。除此之外，《多哈宣言》[②] 与《保护文学和艺

---

① 参见《与贸易有关的知识产权协定》（TRIPS）第 31 条：如一成员的法律允许未经权利持有人授权即可对一专利的客体作其他使用，包括政府或经政府授权的第三方的使用，则应遵守下列规定：（1）授权此种使用应一事一议；（2）只有在拟使用者在此种使用之前已经按合理商业条款和条件努力从权利持有人处获得授权，但此类努力在合理时间内未获得成功，方可允许此类使用。在全国处于紧急状态或在其他极端紧急的情况下，或在公共非商业性使用的情况下，一成员可豁免此要求。尽管如此，在全国处于紧急状态或在其他极端紧急的情况下，应尽快通知权利持有人。在公共非商业性使用的情况下，如政府或合同方未作专利检索即知道或有显而易见的理由知道一有效专利正在或将要被政府使用或为政府而使用，则应迅速告知权利持有人；（3）此类使用的范围和期限应仅限于被授权的目的，如果是半导体技术，则仅能用于公共非商业性使用，或用于补救经司法或行政程序确定为限制竞争行为；（4）此种使用应是非专有的；（5）此种使用应是不可转让的，除非与享有此种使用的那部分企业或商誉一同转让；（6）任何此种使用的授权应主要为供应授权此种使用的成员的国内市场；（7）在充分保护被授权人合法权益的前提下，如导致此类使用的情况已不复存在且不可能再次出现，则有关此类使用的授权应终止。在收到有根据的请求的情况下，主管机关有权审议这些情况是否继续存在；（8）在每一种情况下应向权利持有人支付适当报酬，同时考虑授权的经济价值；（9）与此种使用有关的任何决定的法律效力应经过司法审查或经过该成员中上一级主管机关的独立审查；（10）任何与就此种使用提供的报酬有关的决定应经过司法审查或该成员中上一级主管机关的独立审查；（11）如允许此类使用以补救经司法或行政程序确定为限制竞争的行为，则各成员无义务适用第二项和第六项所列条件。在确定此类情况下的报酬数额时，可考虑纠正限制竞争行为的需要。如导致授权的条件可能再次出现，则主管机关有权拒绝终止授权；（12）如授权此项使用以允许利用一专利（"第二专利"），而该专利在不侵害另一专利（"第一专利"）的情况下不能被利用，则应适用下列附加条件：与第一专利中要求的发明相比，第二专利中要求的发明应包含重要的、具有巨大经济意义的技术进步；第一专利的所有权人有权以合理的条件通过交叉许可使用第二专利具有的发明；以及就第一专利授权的使用不得转让，除非与第二专利一同转让。

②《多哈宣言》的规定允许 WTO 成员能基于维护公共健康的主权权利授予国内企业生产并进口特定专利药品的强制许可，参见 World Trade Organization (WTO),《Declaration on the TRIPS agreement and public health》(14 November 2001), https://www.wto.org/english/thewto_e/minist_e/min01_e/mindecl_trips_e.htm.

术作品伯尔尼公约》[①] 也在国际上为强制许可制度的引入提供了法律依据。

国际条约一般性规定赋予了各成员国在具体强制许可规则拟定时的自由，各国可根据自身的政策目标引入强制许可制度，虽然公共政策目的大同小异，包括解决紧急情况和公共卫生需求，应对限制竞争的商业实践，促进专利技术的实施与使用等，但各国针对强制许可的具体规定与实施情况皆有所不同。具体而言，各国发放强制许可的理由大致可分为八类：拒绝交易；不实施权利；公共利益；反竞争限制；政府使用；便于使用改进专利；公共健康与药品获取；独家回授或一揽子许可。[②] 在针对“反竞争限制”上，在大多数国家强制性许可都可被用来救济反竞争的行为，[③] 强制性许可制度被认为是应对竞争扭曲的措施。知识产权法授予其持有者排他性的权利，这种垄断性的地位与自由市场机制本质上相冲突，权利所有者有可能滥用市场支配地位，收取过高的价格或强加对某些市场参与者的歧视性条件。[④] 因此，强制性许可作为一种反竞争情况上的救济，可以打破权利人行使垄断的排他性权利而产生的后果，对不受欢迎的市场结构进行补救，[⑤] 但是各个国家针对强制许可的“反竞争限制”功能态度不一。

以美国与德国为例，在美国，强制许可是解决反竞争问题的标准解决方法[⑥]，其并没有像其他国家一样在专利法中制定强制许可的一般规则，而是在零散的其他条文中针对有限的政府使用和反垄断争议案件适用强制许可进行规定，例如在 1970 年《原子能法》(*Atomic Energy Act*)、《清洁空气法》

① 《保护文学和艺术作品伯尔尼公约》第 11（2）规定：文学艺术作品的作者行使版权的条件可由成员国法律规定，但这些条件均不应有损于作者的精神权利，也不应有损于作者获得合理报酬的权利，该报酬在没有协议情况下由主管机关规定；第 13 条（1）规定：成员国可以就其本国情况对音乐作品作者及允许其歌词与音乐作品一道录音的歌词作者授权对上述音乐作品及有歌词的音乐作品进行录音的专有权利规定保留及条件，但不得损害作者获得合理报酬的权利，参见世界知识产权组织，《保护文学和艺术作品伯尔尼公约》(1979 年 9 月 28 日修订)，WIPOLex. https://wipolex.wipo.int/zh/text/283701.

② *See* Carlos M.Correa, *Intellectual Property and the use of Compulsory Licenses: Options for Developing Countries*, Trade-Related Agenda, Development and Equity Working Papers, 1999.

③ 同上注，第 178 页。

④ *See* Sebastian Lohsse ,*Trading data in the Digital Economy Legal Concepts and Tools*, Nomos/Hart, 2017, p.138.

⑤ *See* Julian-Arnold, International Compulsory Licensing: The Rationales and the Reality, *The Journal of Law and Technology*,1993, p.349.

⑥ 同上注，第 213 页。

（*Clean Air Act*）、1973 年《联邦非核能源研究和发展法》等法规中规定，当公共利益受到威胁时，可以对涉案专利颁发强制许可。然而，美国法院经常针对专利滥用的限制竞争威胁颁发强制许可，其颁发强制许可的频率随着法院对待专利垄断态度的变化而变化。在 1990 年之前，美国司法界提倡专利弱保护，促进竞争，支持强大的反垄断执法，故此间许多的专利滥用案件中都适用了强制许可[①]。20 世纪 90 年代之后，美国司法界又强调对专利促进创新功能的重视，更多地肯定专利有效性，较少认定专利滥用，较少适用强制许可。现在，尤其是 2006 年 eBay 案[②]后，大多数美国专利领域的强制许可都是涉及禁令诉讼的，当法官拒绝禁令并允许侵权行为继续时，法院对涉案专利颁发强制许可，侵权人可继续使用，但必须支付法院要求的专利权使用费。总的来说，美国法院将强制许可视为对专利权人反竞争行为的救济，且颁发的要求是达到违反反垄断法的程度。

德国与美国不同，虽然德国法院也利用强制许可救济专利权人限制竞争行为，但德国专利法中规定的强制许可更多的是以专利政策中“公共利益”为判定标准，[③]并没有单独规定“反竞争限制”。但是在德国法院的司法裁判中，却以“违反竞争法抗辩”否定了专利侵权诉讼中权利人的救济，并颁发强制许可。德国法院针对强制许可的“反竞争限制”救济功能的态度经历了变化，在 1996 年 Polyferon 案中，法院认可颁发强制许可的公共利益包括技术、经济、社会或医疗方面，[④]但是不包括竞争。可能具有市场支配地位的权利人的反竞争行为不是颁发强制许可的理由，除非符合公共利益。2004 年，在 Standard–Spundfass 案中，法院指出，专利法与竞争法具有不同的立法目的和要求，前者涉及公共利益标准，后者需要滥用市场支配地位，但是都可以使用强制许可进行救济。[⑤]在 2009 年的橙皮书案中，德国法院基于民法的一般权利滥用抗辩原则，首次肯定了可在专利侵权诉讼中使用“违反竞争法抗

① *See* Non-voluntary Licensing of Patented Inventions Historical Perspective, Legal Framework under TRIPS, and an Overview of the Practice in Canada and the USA.

② *See* eBay Inc.v.MercExchange, LLC, 547 US 388(2006).

③ 德国专利法第 24 条规定：专利法院应当根据下列规定在个案中授予商业性实时发明的强制许可，如果（1）申请人努力以通常经营中合理的条件请求专利权人许可实施专利，而未能在合理长的时间内获得许可；（2）授予强制许可符合公共利益。

④ *See* Polyferon, File Number X ZR 26/92, 5 December 1995, reported in BGHZ 131, 247.

⑤ *See* Standard Spundfass, File Number KZR 40/02, 13 July 2004, reported in BGHZ 160, 67.

辩”，否定专利权人的禁令申请，并适用强制许可，由法院最终决定许可使用费的数额。[①] 尽管在橙皮书案中，德国联邦法院对强制许可引入了一个新的法律基础，但是其并没有为在专利侵权诉讼中使用“反竞争限制”抗辩建立一个简单易懂的标准，导致该抗辩并没有被德国立法者与司法者正式确认，德国专利领域强制许可主要依据公共利益标准颁发。

总的来说，知识产权强制许可制度最早出现在专利领域中，《巴黎公约》规定强制许可对权利人不实施专利行为进行救济，之后延伸至包括公共健康、公共利益等其他目的。虽然各国对待强制许可“反竞争限制”功能的态度和方法不一，但是总的来说，各国都谨慎对待将强制许可作为“反竞争限制”行为的救济，这体现了各国政府对专利市场自由的维持，以及在专利领域对政府定价的不信任。但是，不同于专利，无论是国际条约还是在各国实践中，版权领域的强制许可都不如专利领域那么多，使用频率较专利低。但是在版权领域的强制许可制度多是针对音乐产业或有线电视产业，防止权利人垄断市场、阻碍市场竞争与作品传播为目的颁发的，具有较强的“反竞争限制”功能特征。

2. 内容产业中版权法定许可规制

版权领域的强制性许可又被称为“法定许可”，是指特定的自然人、法人或者其他组织根据法律的规定，可以不经著作权人许可而使用其版权作品，但应当按照规定支付报酬的制度。[②] 我国著作权法规定了四项法定许可，包括编写教科书法定许可、报刊转载法定许可、制作录音制品的法定许可、播放已发表作品法定许可。著作权领域的法定许可制度最早出现于《保护文学和艺术作品伯尔尼公约》(简称《伯尔尼公约》) 第 13 条（1）[③]。美国 1909 年的版权法是最早引入版权法定许可制度的国家，其在赋予著作权人机械复制权的同时设立了法定许可制度，目的是为了防止音乐出版商垄断音乐市场。

---

① *See* Orange Book Standard, File Number KZR 39/06, 6 May 2009, reported in BGHZ 180, 312.

② 吴汉东:《知识和产权法学》，北京大学出版社 2014 年版，第 79 页。

③《保护文学和艺术作品伯尔尼公约》第 13 条（1）规定了允许立法者对音乐作品作者及允许其歌词与音乐作品一道录音的歌词作者授权对上述音乐作品及有歌词的音乐作品进行录音的专有权利规定保留及条件，对此作者应当有权获得“合理的公平的报酬”，在没有协议的情况下，由主管当局确定；参见世界知识产权组织，《保护文学和艺术作品伯尔尼公约》(1979 年 9 月 28 日修订)，WIPOLex. https://wipolex.wipo.int/zh/text/283701.

2.1　音乐产业中的版权法定许可规制

《伯尔尼公约》关于音乐作品法定许可可行性的规定在 WTC 的第 6（2）条草案中得以明确，但最终由于争议较大被删除。有学者指出，法定许可是对作者最有效率的保护，因为其可以依据这种非自愿许可收取报酬。① 考虑到有限的大型唱片公司占据了市场，如果给予作者自由谈判的自由，他们可能在与大型唱片公司谈判中处于不利的谈判地位，获得较低的许可费用。② 在此情况下，自由的排他权并不能给予作者足够的谈判能力，将不能实现其最初的授予目的，许可中的谈判能力失衡可能进一步限制音乐作品的传播。由此，《伯尔尼公约》关于音乐作品录音制作的法定许可规定被许多国家采纳，并沿用至今。

以德国为例，德国《著作权法》第 61（1）对音乐作品法定许可进行了规定。③ 该规定在 1910 年被引入德国《著作权法》中，与美国《著作权法》规定法定许可的时间几乎相同。德国引入法定许可的理由是基于维护录音生产者之间竞争的考虑，德国立法者试图防止个别录音公司获得垄断地位，以免产生对竞争和文化政策方面不利的影响。④ 根据德国《著作权法》，法定许可的引发仅能在权利人已授权给任意录音制作者制作录音，并以商业目的进行复制和发行录音后，但不仅可供打算制作录音的人使用，还包括以商业目的计划，例如将含有音乐作品的录音进行复制与传播的行为。⑤ 换句话说，仅仅是意图将录音用于商业目的就足以符合获得法定许可的资格。由此，不仅仅是录音制作者，其他制作和传播录音的人（包括网络音乐平台等）理论上也可适用法定许可，只不过网络传播可能还需要获得录音作品的信息网络传播权授权。

---

① *See* Jorg Reinbothe, *The WIPO Treaties:A Commentary on the WCT, the WPPT, and the BTAP*, Second Edition, Oxford University Press, 2015, pp.464-465.

② 同上注，第 465 页。

③ 参见德国著作权法《German copyright Law》(Urheberrechtsgesetz, UrhG) 第 61 条：如果录音制品制作者已被授予音乐作品的使用权，使其有权将该作品录制在音频媒介上，并为商业目的复制和发行该录音制品，则应要求作者在合理的条件下向其主要机构或住所位于本法适用的领土上的任何其他录音制品制作者授予具有相同内容的使用权。

④ *See* Hilty, Reto M, Liu, Kung-Chung, *Compulsory Licensing,* Springer Heidelberg New York Dordrecht London, 2015, pp.95-119.

⑤ 同上注，第 133 页。

为了防止钢琴制造商和未来的唱片公司垄断音乐市场，美国在1906年的《版权法》中针对音乐作品规定了法定许可制度，与德国不同的是，美国当时并非《伯尔尼公约》的成员国，并不受《伯尔尼公约》规定的影响，但同样出于对音乐录音市场竞争的考虑，制定了该规定。在1909年正式修订版权法之前，曾发生过一起因"还原钢琴"引发的侵权纠纷案件，该案推动了国会为版权人设立机械复制权。"还原钢琴"利用打孔纸卷操纵，该纸卷打孔的位置与钢琴谱相似，其用足踏风箱鼓风，风通过缓缓转动的纸卷上的孔位，驱动机械联动相应的"木手指"击琴键奏出音乐。① 这种自动演奏的钢琴是美国20世纪早期家庭欣赏音乐的主要方式。② 在White-Smith Music Publishing Co.v.Apollo Co.一案③ 中，音乐出版公司起诉一家钢琴卷制造公司Apollo侵犯其版权。虽然美国联邦最高法院在判决中否认了Apollo公司构成侵权，但该案促进了1909年《版权法》设立音乐作品的机械复制权，即将乐谱利用打孔的方式复制在还原钢琴卷上的行为构成版权法意义上的复制。1908年5月4日，美国国会提出的一项立法法案第一次出现了法定许可的条款，④ 国会提出法定许可条款的原因主要是担心唱片公司和钢琴制造商通过收购音乐版权垄断该行业。在那个时期，一家名为Aeolian的钢琴公司收购了大量音乐作品的版权。Aeolian公司曾是美国最大的钢琴公司，成立于1903年，凭借自动演奏钢琴获得商业上的成功。国会对此表示担心，认为"Aeolian公司垄断国内外音乐市场具有可能性，其实际布局已经积极开展。"⑤1909年，美国《版权法》通过，其规定每当音乐版权人允许他人机械复制其作品后，其他人就可以在支付每首歌2美分的法定许可使用费的前提下以同样的方式机械复制该音乐作品，不需要经过音乐作品版权人的同意。从美国国会立法过程可见，美国1909年《版权法》设立"法定许可"制度的初衷就是在于防止钢琴制造

---

① 罗静:《美国版权法中强制性许可制度的审视——兼论我国《著作权法》相关条款的修订》,《湖南大学学报(社会科学版)》, 2013年第6期，第153-157页。

② *See* Paul Goldstein, *Copyright's Highway: From Gutenberg to the Celestial Jukebox*, Stanford Law and Politics, 2003, p.53.

③ *See* White-Smith Music Publishing Co.v.Apollo Co., 209 U.S.1(1908).

④ *See* U.S.House of Representatives, Report, No.211192, 1908; 条款具体内容为：每当音乐版权人允许他人机械复制其作品，其他人就可以在支付相同许可费的前提下以同样的方式机械复制该音乐作品。

⑤ *See* U.S.House of Representatives, Report, No.60-2222,1909, p.8.

商和未来的唱片公司垄断音乐市场。可以说，在美国，法定许可也是伴随着防止垄断的目标诞生的。法定许可制度在 1976 年的美国《版权法》中进一步巩固，并在 1995 年的《录音数字表演权法案》（*Digital Performance Right in Sound Recordings Act*，DRPA）中延伸适用至网络音乐传播。

另外，版权法定许可在音乐作品的网络传播中的适用，《伯尔尼公约》没有给予定论。《伯尔尼公约》第 13 条（1）授权录音制作者生产和录制音乐作品的权利，该权利属于公约第 9 条规定的一般性复制权[①]的一种表现形式。根据公约第 13 条（1）规定所使用的描述来看，该法定许可适用于小的录音制作生产商以对抗大型录音唱片公司的限制竞争行为，允许对音乐作品进行录制并且以商业性目的进行后续的传播。如今，网络传播替代了传统的线下物理唱片传播模式，在网络环境中，传统的录音生产和传播者不再是录音唱片生产商，而是网络音乐平台或者用户本身。网络音乐平台将音乐作品放置在平台上，每个用户自己在网络音乐平台播放与下载音乐作品，在此过程中，虽然网络平台与用户的行为与传统的对音乐作品的录制形式不同，但本质上都同属于《伯尔尼公约》第 9 条规定的一般性的“复制”与“传播”行为。法定许可制度是否能延伸适用至网络音乐传播引发讨论。有学者指出，网络音乐平台与用户的行为与传统录音制作者的行为本质上都是对音乐作品的复制与传播，将网络音乐的复制传播与传统物理传播区别对待将造成不公平的技术歧视。[②]由此，在网络音乐传播中对音乐作品的复制与传播应当也在《伯尔尼公约》第 13 条规定的范围中。对此问题，《伯尔尼公约》并没有给予定论。

同样的问题存在于针对录音制作规定法定许可的国家中，例如，德国《著作权法》第 42 条规定的法定许可是否适用于网络音乐传播的问题。德国学者 Wolff 针对第 42 条是否能适用于永久下载展开研究，他认为网络音乐服

①《保护文学和艺术作品伯尔尼公约》第 9 条（1）规定：受本公约保护的文学艺术作品的作者，享有授权以任何方式和采取任何形式复制这些作品的专有权利……所有录音或录像均应视为本公约所指的复制；参见世界知识产权组织，《保护文学和艺术作品伯尔尼公约》（1979 年 9 月 28 日修订），WIPOLex. https://wipolex.wipo.int/zh/text/283701.

② *See* Nikita Malevanny, *Online Music Distribution, How much Exclusivity is Needed*: A Study of International, European, German and U.S.Copyright Systems and Their Objectives, Springer-Verlag GmbH Germany, 2019, p.105.

务提供音乐作品的永久下载服务可被认为是第 42 条规定中的“录音制作者”，网络音乐的服务同样是促进生产“录音”的，只不过这种复制件的生产和传播是通过用户完成的，同样属于第 42 条规定的促进音乐作品传播效率的目的。① 虽然这种新的交互式按需传播方式超出了 42 条规定的字面范围，但是 Wolff 指出，应当给传播权以广泛解释，确保平等对待新的作品传播形式。② 也有学者指出，尽管理论上第 42 条可以扩大解释，适用于网络传播行为，但其并不适合用于网络传播，因 42 条只规定一揽子法定许可录制权、复制权和传播权，并未预见单独权利的法定许可需求，这会使法定许可在网络环境中成本更高且不实用。③

美国 1995 年《录音表演权法案》对 115 条进行了修改，将数字音频传输纳入法定许可的范围。首先，国会扩大了法定许可的范围，使其包括了传播数字音频的行为，加入“数字音频传输”（Digital Phonorecord Delivery, DPD）概念表述，消费者通过数字传输技术获得音频，并被要求其按照法定许可的规定支付许可费。“数字音频传输”包括用户在所有的下载和交互式流媒体播放中发生的、在用户设备上产生副本的行为，但是用户非交互式的流媒体播放行为可免于支付费用。该规定将传统的录音法定许可扩大适用于数字传输，顺应网络传播新发展的需求，网络服务提供者作为最新加入著作权产业的主体，如同当初作为录音制品制作者的自动钢琴生产者那样，适用法定许可制度调整其与著作权人在新兴市场产生的利益分配问题上出现的分歧。④

2.2 有线电视产业中版权法定许可规制

除了音乐产业，有线电视产业也是为数不多适用版权法定许可的。20 世纪末期，有线电视产业的快速扩张与发展带来了一系列问题，其中就包括如何处理传统广播与新兴有线电视广播之间的关系。与传统广播不同，有线电视广播可以接收并转播远距离广播者的广播信号与节目内容，有线电视广播

---

① *See* Christian Wolff, *Zwangslizenzenim Immaterialgüterrecht*, V&R unipress, March 2005, pp.72-73.

② 同上注，第 73-75 页。

③ *See* Nikita Malevanny, *Online Music Distribution, How much Exclusivity is Needed*: A Study of International, European,German and U.S.Copyright Systems and Their Objectives, Springer-Verlag GmbH Germany, 2019, p.136.

④ 熊琦：《著作权法定许可制度溯源与移植反思》，《法学》，2015 年第 5 期，第 72-81 页。

的远距离转输能力使其市场份额快速增加，并开始逐步威胁传统广播者的市场地位，传统广播主体与有线广播电视主体的矛盾日益增加。对此，美国联邦通讯委员会将有线电视视为传统的、更受欢迎的广播产业的竞争者，减少了当地广播电台的广告收入，对有线电视主体进行强有力的规范。① 这一系列措施包括：有线电视转播须经广播主体同意，新的有线电视广播主体须获得委员会许可进行远距离转播等。美国联邦通讯委员会的措施几乎暂停了有线电视广播的发展。② 在版权领域，1968 年 Fortniqhtly 案 ③ 中，法院否定了有线广播电视主体的转播行为属于版权侵权。然而在 1974 年的 Teleprompter 案中，法院将公开表演权延伸扩张至包含有线电视广播的远距离转播广播信号行为。自此之后，有线电视广播转播广播主体的节目信号需要获得广播主体的版权许可。这无疑使得有线电视广播主体面临高昂的交易成本，其需要对所有转播的节目信号一一获得许可。种种原因最终导致广播主体独占了特定的电视节目信号。

1976 年美国《版权法》赋予了广播电视信号转播的权利，并同时规定了有线电视版权法定许可制度。该制度是传统广播主体与有线电视广播主体长期博弈的结果，国会首先肯定了广播信号转播行为受版权法规范，但同时规定了法定许可制度，确保有线电视广播主体可在支付许可费后自由转播信号。对此，国会主要基于两方面考虑：首先，国会认为广播利益集团在经济和政治上的力量都非常强大，广播主体与有线电视运营者之间的自由的市场谈判将很可能产生不公平的高昂版权许可费用，甚至达不成许可。④ 国会尤其担心“大型的广播电视主体、电视台和大型的电视节目生产者”具有强大的交易谈判能力，能够将有线电视系统运行者排除出市场；⑤ 其次，国会考虑到有多个有线电视系统、频道、远程信号和节目，独立的有线电视商基于每个频道信

① *See* The Register of Copyrights of the United States of America, T*he Cable and Satellite Carrier Compulsory Licenses, An Overview and Analysis*, Report, 1992.

② *See* Leslie A.Swackhamer, Cable-Copyright: The Corruption of Consensus, *Hastings Communications andEntertainment Law Journal,* Vol 6, 1983, p.283.

③ *See* Fortniqhtly Corp.v.United Artists Television.Inc.,392 U.S.390(1968).

④ *See* Leslie A.Swackhamer, Cable-Copyright: The Corruption of Consensus, *Hastings Communications andEntertainment Law Journal,* Vol 6, 1983, p.295.

⑤ 同上注。

号进行谈判将会耗费非常高昂的时间与交易成本。① 该规定给作为新兴产业主体的有线电视广播主体发展的机会，之后，随着卫星广播的出现，美国国会再次于 1988 年《美国版权法》中增加了卫星电视节目信号转播的法定许可，允许卫星广播主体在满足法定许可规定的基础上，可不经过著作权人许可向用户转播受版权保护的电视节目信号。借助于法定许可的帮助，卫星广播组织在克服了向边远地区传输信号的功能定位问题后，得以顺利进入广播市场，在还处于产业初级阶段的时期与既有广播产业主体开展竞争。②

现阶段，美国在版权领域总共规定了 7 项法定许可的内容，包括:（1）有线电视系统二次传输的法定许可；③（2）数字传输短暂记录的法定许可；④（3）对非戏剧性音乐作品录制与非交互式传播的法定许可；⑤（4）非交互式数字传输服务商对录音作品数字表演的法定许可；⑥（5）非商业性广播公司对特定版权作品复制与传播的法定许可；⑦（6）为私人观看，向公众转播卫星的法定许可；⑧（7）本地电视台向当地市场传输卫星信号的法定许可。⑨ 美国法定许可制度的发展和引入被认为是具有政治色彩的产物，即特定利益主体将其从许可协商义务中排除出来，反映了强大利益集团之间复杂的利益谈判，包括版权人与各传媒产业的市场主体。⑩ 支持法定许可的人认为控制版权人是合理的，基于其在经济层面对作品使用与传播的控制，不仅可以减少私人谈判的交易成本，减少交易的不确定性，同时可使权利人与使用者获得利益，促进作品的传播与使用。

---

① 同上注。

② 熊琦:《著作权法定许可制度溯源与移植反思》，《法学》，2015 年第 5 期，第 72-81 页。

③ *See* Title 17 of the United States Code, § 111, The Cable License, https://www.copyright.gov/title17/.

④ *See* Title 17 of the United States Code, § 112(e), The Ephemeral Recordings License, https://www.copyright.gov/title17/.

⑤ *See* Title 17 of the United States Code, § 115, The Mechanical License and the Digital Audio Transmission License, https://www.copyright.gov/title17/.

⑥ *See* Title 17 of the United States Code, § 114, The Digital Performance Right in Sound Recordings License Recordings, https://www.copyright.gov/title17/.

⑦ *See* Title 17 of the United States Code, § 118, The Public Broadcasting License, https://www.copyright.gov/title17/.

⑧ *See* Title 17 of the United States Code, § 119, The General Satellite Retransmission License, https://www.copyright.gov/title17/.

⑨ *See* Title 17 of the United States Code, § 122, The Local-to-Local Satellite Retransmission License, https://www.copyright.gov/title17/.

⑩ *See* Marshall A.Leaffer ,*Understanding Copyright Law*, 6th edition, LexisNexis, 2014, p.435.

2.3 版权法定许可规制的特点

总结在音乐产业与有线电视产业的法定许可制度规定可以发现，相比于专利中对公共健康等公共利益考虑，版权领域的法定许可制度产生与市场的联系更为紧密，虽然著作权法定许可制度产生于不同历史时期和产业，但都是通过构建一个政府管制下的拟制市场，消除市场失灵导致的权利流转障碍。①

首先，从法定许可规定的时间看，都是出现在新旧产业主体和商业模式交替的初期。20 世纪早期的制作和发行录音制品的法定许可，旨在协调音乐作品出版者与录音制品制作者之间的矛盾；20 世纪中后期的有线广播组织和卫星广播组织转播的法定许可，可视为扶持新兴有线广播组织和卫星广播组织的需要；而 21 世纪正在讨论的音乐作品和录音制品数字传输法定许可，则无疑是在解决网络服务提供者与互联网产业的商业模式如何交融的问题。

其次，版权法定许可主要以矫正因垄断或交易成本产生的市场失灵，以促进作品的使用与传播为目的。无论是 20 世纪初期引入录音制品法定许可，还是 20 世纪后期引入有线电视、卫星电视的法定许可，立法者表示了对该市场中强大的、具有垄断趋势的权利主体的谈判能力可能阻碍作品在版权市场流转的担忧。并且，立法者都表达了法定许可可以降低交易成本，免去使用者就单一作品要一一获得著作权人许可的繁琐流程，简化协商环节，促进作品的使用与传播。

最后，与专利强制许可制度一样，版权领域的法定许可也建立在允许交易双方自由协商的基础上，许可使用费灵活确定。虽然在音乐与有线电视产业，版权法定许可条款都指定特定的机构来决定许可使用费标准，但是如果权利人能够就许可使用费标准与其他许可条件达成一致，那么其协议就相对于法定许可规定优先。美国针对许可使用费争议专门设立了“版权权利金法庭”以方便调整许可使用费标准，2004 年，美国国会再次出台《版权补偿金分配改革法案》，增加选任具有专业背景的“版权补偿金法官”，在版权局的主持下每五年调整一次版税标准。这表明著作权法定许可制度尊重市场自由的立法理念，试图在不破坏著作权自由交易机制的前提下促进新兴产业的

---

① *See* U.S.House of Representatives, *Hearing: Compulsory Video License of Title 17*, 2014；熊琦：《著作权法定许可制度溯源与移植反思》，《法学》，2015 年第 5 期，第 72-81 页。

发展。

2.4　版权法定许可的正当性基础

虽然许多学者对法定许可制度的分析以财产规则中的责任规则为基础，认为法定许可制度引入的主要功能是降低交易成本。例如 Robert Merges 曾指出，在版权法中制定集中法定许可制度一个共同的理由是，法定许可对于特定交易的发生是必要的。交易成本排除了某些类型权利的市场的形成，在没有法定许可制度的情况下，这些交易将不会发生。[①] Jane Ginsburg 指出，法定许可制度正当化的最受认可的理由是降低了某些无法克服的交易成本问题。[②] Kristelia A.García 认为，法定许可制度的发生类似于音乐录音产业中，使用个体需要和许多不同且分散的版权所有者进行谈判，其中时间和金钱成本的支出将会令人望而却步。[③]

也有学者认为，版权领域引入法定许可的正当化的原因在于，防止版权所有者在版权许可中或者在下游市场的创造中行使自己的市场支配地位，[④] 例如 Alan Fisch 在其研究中讨论将法定许可作为减少行使市场支配地位所造成伤害的工具。[⑤] Micheal Meuer 指出，版权法已利用法定许可制度去缓和利用排他许可方式延伸市场支配地位至下游市场的行为。[⑥] 甚至有学者认为，在版权人缺乏市场支配地位的情况下，适用法定许可是不必要的，[⑦] 换言之，法定许可是为了限制版权人滥用市场支配地位而存在的。

但是仅从交易成本或防止垄断层面理解法定许可是狭隘的，法定许可制

① *See* Robert P.Merges, Comment, Of Property Rules, Coase, and Intellectual Property, *Columbia Law Review,* Vol 94, 1994, p.2655.

② *See* Jane C.Ginsburg, Creation and Commercial Value: Copyright Protection of Works of Information, *Columbia Law Review,* Vol 90, 1990, p.1865.

③ *See* Kristelia A.García, Penalty Default Licenses: A Case for Uncertainty, *N.Y.U.L.aw Review*, Vol.89, 2014, p.1117, 1127.

④ *See* Crane, Daniel A, Intellectual Liability, *Texas Law Review*, Vol.88, no.2, 2009, p.270.

⑤ *See* Alan M.Fisch, Compulsory Licensing of Blacked-Out Professional Team Sporting Event Telecasts: Using Copyright Law to Mitigate Monopolistic Behavior, *Harvard Journal on Legislation,* Vol.32, 1995, p.403.

⑥ *See* Michael J.Meuer, Vertical Restraints and Intellectual Property Law: Beyond Antitrust, *Minnesota Law Review,* Vol.87, 2003, p.1871.

⑦ *See* Frederic M.Scherer, The Economic Effects of Compulsory Patent Licensing, *New York University, Graduate School of Business Administration, Center for the Study of Financial Institutions*, 1977, pp.84-88.

度本身与交易成本和防止垄断有关，但这不是它的全部内容。应该说，法定许可作为一种版权行使限制制度，更多的是进行宏观调控，以符合版权法的政策性目的，即平衡版权人私人利益与社会公众接触作品的利益，从而促进作品的传播和利用，防止版权人滥用权利，阻碍作品的传播。版权中的法定许可机制应当被理解为调节“激励创作与公众接触”的、以功利主义调整权利人与使用者之间的紧张关系，它不仅能激励创作者创作出更多对公众有价值的作品，同时也确保公众能够获得和接触到这些作品。① 虽然版权政策目的的实现与降低成本和防止垄断有关，但是仅将法定许可制度的功能理解为其中之一都是片面的。

认清法定许可制度的本质是版权政策调节工具，不仅有利于更加深入理解法定许可在音乐领域的起源，以及制定法定费率的缘由，还有助于法定许可在未来版权市场发展的持续性使用。例如，在高度聚合的网络内容平台市场中，法定许可制度可发挥其防止垄断的功能，对内容平台的限制竞争行为进行规制。

三、版权法对版权滥用行为的事后规制

正如前文所述，合理使用制度具有事前与事后规制的双重特征，对于采取列举式规定合理使用的情形，属于事前规制，但依据“四要素”或“三步检验法”验证判定是否构成合理使用属于事后规制。由于现阶段我国合理使用的列举中并没有直接涉及版权滥用行为的调整，而是在近年来合理使用的扩张适用中，例如游戏直播是否属于合理使用，进行了有关版权滥用的考虑。再加上我国新修订的《著作权法》将用于判断著作权法中合理使用行为的标准的“三步检验法”规定在条文中，给予了法官一定的审判自由，因此我们将合理使用制度放在了事后规制部分论述。除此之外，版权滥用制度诞生于美国，由法院在司法裁判中依据具体案件情形进行认定，也属于版权制度中的事后限制范畴。下文的论述主要针对合理使用制度与版权滥用制度展开。

---

① *See* J. Victor, Reconceptualizing Compulsory Copyright Licenses, *The Stanford Law Review*, Vol.72, 2020, p.920.

（一）合理使用制度的利用

合理使用制度是整个版权限制制度体系中最强大的制度之一，他人依据法律中有关合理使用制度的规定而使用享有版权的作品，可不必征得版权人的同意，也无须向版权人支付报酬。当前，判断是否构成合理使用主要有两种方式，以美国《版权法》第 107 条规定为主的“四要素”检验法与《伯尔尼公约》第 9 条与 TRIPS 协议第 13 条规定的“三步检验法”。所谓“四要素”检验法，即在具体判断案件中一项作品的使用行为是否为合理使用时，应当考虑以下四个因素：（1）该使用的目的与特点，包括这一使用是否为商业性质或非营利教育目的；（2）版权作品的性质；（3）所使用部分相对整个版权作品而言所占的数量和实质程度；（4）使用行为对版权作品潜在市场和价值的影响。①“三步检验法”是指，在法律没有规定的情况下，法院从以下三个方面判断是否构成合理使用，即该合理使用抗辩是否是一种特例，是否与作品的正常利用相冲突，是否不合理地损害权利持有人的合法利益。②我国《著作权法》采取列举的方式对合理使用情形进行了规定，并在最新的修订中将“三步检验法”规定在法律条文中。③合理使用是政策制定者进行利益平衡的重要制度工具，不仅需要保证社会公众对知识信息的自由接触，也需要确保不影响权利人的创新激励行为，使用行为对权利人市场利益的影响需要被重点考虑。由此，“三步检验法”判断的关键是“是否不合理地损害权利人的合法利

---

① *See* Title 17 of the United States Code, § 107, The General Satellite Retransmission License, https://www.copyright.gov/title17/.

② 参见《与贸易有关的知识产权协定》（TRIPS Agreement）第 13 条：各成员对专有权作出的任何限制或例外规定仅限于某些特殊情况，且与作品的正常利用不相冲突，也不得无理损害权利持有人的合法权益，参见与贸易有关的知识产权协定（2017 年 1 月 23 日修正），http://ipr.mofcom.gov.cn/zhuanti/law/conventions/wto/trips.html；《伯尔尼公约》第 9 条：（1）受本公约保护的文学艺术作品的作者，享有授权以任何方式和采取任何形式复制这些作品的专有权利。（2）本同盟成员国法律得允许在某些特殊情况下复制上述作品，只要这种复制不损害作品的正常使用也不致无故侵害作者的合法利益。（3）所有录音或录像均应视为本公约所指的复制；参见世界知识产权组织，《保护文学和艺术作品伯尔尼公约》（1979 年 9 月 28 日修订），WIPOLex. https://wipolex.wipo.int/zh/text/283701。

③ 参见《中华人民共和国著作权法（2020 年国家主席令第 62 号）》（2020 年修订）第 24 条：在下列情况下使用作品，可以不经著作权人许可，不向其支付报酬，但应当指明作者姓名或者名称、作品名称，并且不得影响该作品的正常使用，也不得不合理地损害著作权人的合法权益，http://scjgj.yibin.gov.cn/sy/xxgk/zcwj/202011/t20201112_1379367.html。

益”，“四要素”检验中，最重要的是使用行为对版权作品潜在市场和价值的影响。

合理使用制度通常被认为是平衡社会公共利益与版权人私人利益的重要制度工具，同时也是整个版权限制制度体系中对权利人限制最大的制度，使用者不必经过权利人同意也不必支付报酬就可以随意使用作品。由此，对于合理使用制度设立的正当性必须经过严格论证。有学者认为，降低交易成本、防止市场失灵是版权法设立合理使用制度最重要的原因。[①] 当版权交易成本高，使得版权人与潜在的作品使用者不能自由达成版权流转协议，且使用者使用作品只是剥夺了版权人微薄的预期利益，对版权人的损害微乎其微的时候，适用合理使用制度是可行的。[②] 降低交易成本无疑是合理使用制度的部分功能，这在许多场景都有所体现，例如免费表演、学术引用、批评评论、新闻报道、教学等，合理使用使得使用者不必就每次被使用的作品一一向权利人获得授权，省去了高昂的交易成本，促进了作品的广泛使用。尤其是对于教学、新闻报道、学术研究这些带有公益性质的使用行为，促进使用的同时也确保了社会公众的基本自由，例如表达自由与获取信息自由。

除了对现阶段社会公众对作品接触的关注外，合理使用制度还关注使用者在未来的创作与创新，避免过度增加后续创作与创新的成本。[③] 波斯纳从降低表达成本的角度论证合理使用制度的正当性，一部杰出的作品是从对无数之前的创作作品的学习和模仿中创作出来的。由此，版权法不仅要为创作者提供创作的激励机制，同时也不能为他人再创作新作品施加过高的成本，这种为创作新作品所付出的成本也被称为表达成本，即生产表达性作品所付出的成本。从降低他人创作新作品的表达成本出发，合理使用制度的界限应是在“使用行为对著作权人利益的潜在影响”与“降低表达成本”之间寻找平衡点，即降低的表达成本不应低于著作权人所减少的收益。[④] 版权制度被认为

① *See* Wendy J.Gordon, “Fair Use as Market Failure: A Structure and Economic Analysis of the Betamax Case and Its Predecessors”, *Colum.L.Rev*, Vol.82, 1982, p.1600.

② [美] 威廉·M. 兰德斯，理查德·A. 波斯纳:《知识产权法的经济结构》，金海军译，北京大学出版社 2016 年版，第 139 页。

③ 崔国斌:《著作权法原理与案例》，北京大学出版社 2014 年版，第 578 页。

④ 同注②。

是规范着文化市场的竞争与创新的政策工具，[①]随着传播技术与版权市场的发展，合理使用制度常常扮演着类似于创新政策的角色。[②]新的传播技术与商业模式改变了版权作品被使用的方式，促进了创新，例如谷歌数字图书馆使得人们可以在网络上阅读书籍，推动整个社会文化进步。然而，促进创新传播技术或商业模式的投资与激励版权人创作之间存在一些利益分配问题，作品的版权人往往也想从创新的传播技术或商业模式的收益中分一杯羹，此时，如何分配使用创新技术与版权作品所获利益的问题需要法律介入。合理使用制度也是用于分配创新收益的，其不仅在促进消费者接触作品与二次创作中发挥作用，也在鼓励创新投资，为新技术公司开辟新市场方面发挥着重要的作用。[③]

1. 合理使用制度促进消费者接触与创作

合理使用制度有效促进了消费者对版权作品的接触与基于此的二次创作行为。在网络环境中，技术的发展降低了创作新作品的门槛。传统上只有专业人员才能剪辑视频、编辑图片，而互联网新技术使得普通人员可以很容易地将视频、音频片段剪辑出来，可以很容易地利用 Photoshop 等制图软件修改或创作美术作品，计算机新技术降低了创造新作品的固定成本。另外，互联网给每个用户都提供了高效便捷的传播渠道，在网络中行使相同的版权使用行为将带来的损害很可能更高，但与此同时，作品的广泛传播也为版权人提高了知名度，带来流量收益。且在网络环境中，版权交易的成本发生了改变。交易对象的增加和网络使用者匿名性的特点增加了版权人寻找作品使用者的困难，网络免费文化的盛行使版权交易谈判很难顺利完成。由此，正如 Peter S.Menell 等学者所言，面对网络技术的发展，法院将面临新一代的合理使用案件，[④]换言之，合理使用范围将随着网络技术的发展而改变，尤其是针对当前用户创作与自媒体传播浪潮的兴起，法院引入并不断扩大“转换性”使用的概念，利用合理使用制度促进消费者接触作品，促进消费者基于作品进行

---

① *See* Timothy Wu, “Copyright’s Communications Policy”, *Mich.L.Rev.* Vol.103, 2004, p.278.

② *See* Fred von Lohmann, Fair Use As Innovtion Policy, *Berkeley Technology Law Journal*, Vol.23, No.1, 2008.

③ 同上注。

④ *See* Peter S.Menell, Mark A.Lemley, Robert P.Merges, *Intellectual Property in New Technological Age: 2017*, Clause 8 Publishing, p.321.

二次创作。

对于作品演绎的合理使用案件中，最经典的莫过于Campbell案，其为后续分析消费者对原作品的二次创作与戏仿提供了基础。在该案中，被告“2 Live Grew”将原告拥有版权的一首名为*Oh*，*Pretty Woman*的摇滚民谣进行改编，以滑稽的歌词对原作品进行讽刺，并对外发行该歌曲，售出25万张唱片。原告起诉被告的行为构成版权侵权，法院以合理使用为由驳回了原告的起诉，并在判决中对戏仿行为构成合理使用进行了详尽分析。法院指出，合理使用分析中的“使用的目的与特点”，这一分析的中心目的是看新作品是否仅仅是为了替代原作的创作目的，或者相反，增加了一些新的内容，用新的表达、含义或信息替代原作内容，以实现更进一步的目的或具有不同的特点。法院关心的是新作品是否（或在多大程度上）是转换性的，此类具有转换性质的作品的创作通常都促进版权法的目标的实现。[①]新作品的转换性越大，其他妨碍合理使用认定的因素的重要性就越小。在该案中，被告对原作的复制是以戏仿为目的，是产生新的戏仿内容所必需的，需要呈现足够的原作内容才能使听众产生对该歌曲的戏仿联想，属于对原作品的转换性使用。

对于第四个因素“使用行为对版权作品潜在市场和价值的影响”的分析，法院指出，不仅要考虑被控侵权者的特定行为的市场损害程度，而且要考虑假设被告的行为不加控制而大量发生后，是否会对原作的潜在市场造成实质性的负面影响；不仅需要考虑对原作市场的影响，也需要考虑对演绎作品市场的影响。[②]但潜在的演绎用途市场仅仅包括那些原作者通常会自行开发或授权他人开发的市场。[③]而原作品作者不太可能会授权他人批评自己的作品内容，这使得该案中被告对原作批评与讽刺的行为被排除在版权人潜在的许可市场中，虽然该批评行为可能会在一定程度上减少原作品的市场需求，但是这并不是合理使用分析中需要关注的市场替代损害。由此，法院判定被告对原作品的使用行为符合合理使用要件，不构成版权侵权。

在Carious一案中，被告Prince将原告出版的“YesRasta”摄影集中的照

① *See* Campbell v.Acuff-Rose Music, Inc, 510 U.S.569(1994)；崔国斌：《著作权法原理与案例》，北京大学出版社2014年版，第595-596页。

② 同上注。

③ 同上注。

片撕下进行拼贴创作，原告起诉被告的行为构成版权侵权。联邦第二巡回上诉法院驳回了原告的诉求，将被告 Prince 的行为认定构成合理使用。法院在判决中指出，如果使用原作的二次创作增加了原作的价值，如果原作被用作原素材，在创造新的信息、新的美学、新的见解和理解的过程中被转化，这正是合理使用原则为丰富社会文化而保护的活动类型。被告的作品展现出与原告完全不同的审美，无论从构图、表现形式、比例还是调色方面，被告的作品与原作相比都具有新的表达方式、新的意义，是具有创造性和传播性的成果，是对原作品的转换性使用，不构成侵权。① 在短视频领域的 Hosseinzadeh 一案中，被告利用了大量的原告短视频内容，在 5 分 20 秒的视频中使用了 3 分 15 秒的内容，并通过剪辑在其中穿插评论，原告诉被告的行为构成侵权。法院在判决中认为，被告使用原告短视频内容的行为是为了评论与批评，是目的性的转换，与原告的作品有完全不同的观赏体验，构成合理使用。② 针对现阶段网络游戏直播带来的版权纠纷，有许多学者指出，游戏直播行为并不是单纯再现游戏作品中的游戏画面与内容，而是展现游戏主播特定的游戏技巧，其行为具有转换性，应当被认定为合理使用。

总之，合理使用制度在鼓励消费者接触与二次创作层面发挥着重要的作用，尤其是在当下的自媒体创作时代，允许“转换性”的作品使用行为能极大促进网络领域的内容创作，丰富网络空间的内容，促进网络文化产业的发展。

2. 合理使用制度鼓励经营者使用与创新

合理使用制度常被用于鼓励市场中的经营者对拥有版权的作品的使用与创新，尤其是在具有显著的累积性创新与互联互通特征的计算机软件领域，美国法院的一系列合理使用案件都体现了对经营者使用软件作品与二次创新的关注。相关的案例非常多，下文以游戏软件与设备市场、数字图书馆为例，阐述合理使用制度鼓励经营者使用与创新的作用。

2.1　合理使用制度促进游戏软件与设备市场创新

在任天堂诉 GALOOB 一案中，任天堂公司生产和销售电子游戏及其相关控制设备，被告 GALOOB 生产了一种名为“游戏精灵”的装置，使得玩家可

---

① *See* Cariou v.Prince,714 F.3d 694,708(2d Cir.2013), cert.denied, 134 S.Ct.618(2013).

② *See* Matt Hosseinzadeh v.Ethan Klein and Hila Klein, 276 F.Supp.3d 34 (S.D.N.Y.2017).

以改变任天堂游戏的最多三个功能，例如增加玩家角色的生命指数，提高角色移动速度，允许角色漂浮在障碍物之上等。该功能的实现是通过拦截游戏盒发送到任天堂娱乐系统中的中央处理单元的单个数据字节值，并用新的值来替代它。法院在判决中指出，即使游戏精灵创造的视听显示是任天堂游戏的演绎作品，被告也不需要承担侵权责任，因为这种显示是对任天堂版权作品的合理使用。消费者可以使用游戏精灵增强任天堂游戏机的视听显示效果，从而使游戏体验更加愉快。[①] 合理使用制度允许经营者基于他人游戏版权进行新产品的开发与创新，尤其是当这种新产品有利于提升玩家游戏体验的时候。

在 Sony 诉 Connectix 一案 [②] 中，法院不仅依据合理使用制度保护了软件市场的新产品创新，还在客观上阻止了索尼公司意图针对其生产或授权的游戏设备市场上进行的纵向控制行为，促进了游戏设备市场的竞争。索尼公司生产和销售的索尼 PlayStation 游戏机是一种带有手控装置的小型计算机，它可以与电视游戏机相连接，播放插入 PlayStation 的光盘（CD）中的游戏，BIOS 是操作 PlayStation 的软件程序，索尼公司拥有 BIOS 的版权。被告 Connectix 公司制造并销售了一个名为“Virtual Game Station”的软件程序，其功能是在普通计算机上模拟索尼 PlayStation 游戏机的功能，使得购买其软件程序的消费者可以在个人电脑上玩索尼 PlayStation 游戏机里的游戏。被告的产品中并不包含任何索尼公司拥有版权的内容，仅在开发“Virtual Game Station”软件程序时以“反向工程”的方式复制了索尼公司享有版权的 BIOS，对此，索尼公司提出侵权。法院最终判决被告 Connectix 公司对索尼 BIOS 进行反向工程过程时，短暂复制与使用版权内容的行为构成合理使用，是使“Virtual Game Station”的软件程序与索尼 PlayStation 一起运行所必需的行为。

法院在判决中指出，计算机程序包含了许多逻辑、结构和视觉显示元素，这些元素是由所要执行的功能、效率考虑或诸如兼容性要求和行业需求等外部原因所决定的。合理使用制度保留了公众对包括受版权保护的计算机软件程序中的思想和功能要素在内的使用权，这种做法符合版权法的最终目的，为公众利益激发艺术创造力。Connectix 公司的“Virtual Game Station”创造

① *See* Lewis Galoob Toys Inc.v.Nintendo of America Inc, 964 F.2d 965 (1992).

② *See* Sony Computer Entertainment, Inc.v.Connectix Corp.203 F.3d 596 (9th Cir.2000).

了新的个人计算机平台，使得消费者可以在新平台上玩索尼 PlayStation 设计的游戏，这一创新为公众在新环境中玩游戏提供了机会，特别是在没有索尼 PlayStation 和电视机设备、但有 CD-ROM 驱动器的地方，被告的产品是一个全新的产品。

对于被告软件程序可能对索尼 PlayStation 的市场替代，法院指出确实可能存在市场替代，但是因为被告的“Virtual Game Station”是具有转换性的创新产品，其不仅仅可以对索尼 PlayStation 产生替代，还是索尼公司生产或授权的游戏设备市场上的合法竞争者。出于这个原因，索尼因这种竞争而造成一些经济损失并不能造成否定合理使用的结果，被告通过反向工程对索尼 BIOS 的临时复制行为构成合理使用。

2.2 合理使用为谷歌数字图书馆的创新保驾护航

数字图书馆是区别于线下图书馆的新商业模式，其利用新的网络传播与存储技术，将海量的数字图书内容聚合，不仅有利于图书的保留与存储，还方便消费者检索并获取相关图书内容，数字图书馆的开发对整个社会与文化发展无疑是有利的。然而，构建数字图书馆意味着要大规模复制他人享有版权的作品内容，如果要求数字图书馆经营者就每部作品扫描件一一向相关权利人获得授权，巨大的交易成本将扼制数字图书馆这种新商业模式的诞生。对此，谷歌数字图书馆案利用合理使用制度为数字图书馆的开发与创新提供了保护伞，允许数字图书馆经营者未经许可且不需支付报酬就可复制扫描他人具有版权的作品内容，大大促进了以谷歌数字图书馆为代表的数字内容产业的发展与创新。

在谷歌图书馆案中，美国法院对谷歌图书馆构成合理使用的分析与判定都体现了合理使用制度作为促进技术进步等创新政策的功能。该案的原告是一些图书的作者，他们对自己的图书享有版权，基于其作品在未经许可的情况下被谷歌图书馆扫描，并且消费者可以通过在谷歌的网站上检索，浏览其作品的部分内容，版权人对谷歌数字图书馆提起了版权侵权之诉。谷歌公司是最早开始数字图书馆业务的互联网公司之一，其基于与世界主流图书馆之间的协议对主流图书馆内的书籍进行扫描，包括有版权与无版权的书籍，并建立数字图书数据库，通过“谷歌图书”搜索引擎服务，使得用户可以依据关键词检索含有相关关键词的书籍，并浏览其中的相关片段。在判决中，法院以谷歌公司构成合理使用为由驳回了版权人的诉讼。法院在判决中指出，在某些情况下，给予作者对其作品复制的绝对控制权会一定程度上限制而非扩充公众的知识，以艾洛巴罗勋爵的话说："尽管我坚信每个人都应该享有自己的著作权，但是人们不可以给科学带上脚铐。"[①] 基于此，政策制定者因此发展了合理使用原则，允许某些情况下的未经许可复制行为，以促进版权法"推动科技和使用艺术发展"的重要目的的实现。[②]

法院认为，被告谷歌公司数字图书馆复制作品实现数字化的搜索和片段浏览功能不仅可帮助用户读者找到含有特定词汇和短语的数字化书籍，还可以通过 Ngrams 功能，让用户读者了解出版于不同时期的书中特定词汇的使用频率，具有高度的转换性。尽管谷歌图书馆下载并存储了所有书籍的完整数字化复制件，但是这种复制对于帮助搜索者找到包含他们感兴趣的词或短语的相关书籍是必要的。换句话说，全文搜索数据库的建立是典型的转换性使用，因为词汇搜索结果与原作在目的、特性、表达、含义、信息等方面是不同的。[③] 谷歌公司提供的片段浏览为基础性搜索功能增加了重要价值。

尽管谷歌公司开发数字图书馆具有商业动机，但是，法院认为对原作的转换性使用目的重要性大于版权保护利益。二次创新的成果越具有转换性，反对合理使用的因素（例如盈利性的重要性）就会越小。所以关键是被控侵权作品是否只是替代了原作，还是增加了新的内容，其最后的产出成果是否具有其他目的或不同的性质，在新的意义层面改变了原作品。法院认定谷歌数字图书馆具有转换性特征，再加上谷歌公司只对用户开放片段浏览，对版权作品的潜在市场损害小，即使用户读者通过大量的搜索，也最多只能获得版权作品内容总量的 16%，并不会成为原版权作品市场上强有力的替代，不会对版权人利益造成很大损害。[④] 由此，法院最终认定谷歌公司为了建立谷歌图书馆，对享有版权书籍的复制扫描，并提供搜索与片段浏览功能的行为构成合理使用。谷歌图书馆的行为被认为是扩充了原作品的功能与实用性，谷歌的行为是服务于版权法的总体目的的。

---

① *See* Authors Guild v.Google, Inc.- 804 F.3d 202 (2d Cir.2015).

② 同上注。

③ 同上注。

④ 同上注。

（二）权利不得滥用原则的利用

禁止权利滥用原则可追溯到罗马法，在近现代法上大陆法系相继确立了该原则。[①] 该原则衍生于衡平法上的“不洁之手”（Unclean Hand）理论，[②] 即对于实施不公平或不正当行为的当事人，法官不给予禁令或损害赔偿等救济。[③] 在知识产权领域的适用中，英美法系与大陆法系呈现出了不同的发展路径，区别于传统的私法体系，英美法系上“禁止权利滥用”从侵权抗辩规则逐渐演变成了可直接提起适用的一般原则，从专利法领域，扩张适用至版权法、商标法、商业秘密保护等领域。在版权领域，权利滥用原则针对的行为主要包括以下几点：（1）滥用版权侵权诉讼程序；（2）不当扩大版权保护的范围；（3）违反了版权许可，利用许可行为限制竞争；（4）版权的行使具有负外部性，对第三人造成损害。[④] 美国法院在判断某一行为是否构成版权滥用时主要考虑以下两个方面：（1）该行为对市场竞争产生的影响，是否属于滥用垄断性版权限制竞争，违反反垄断法；（2）权利人行使知识产权的方式是否超越了法律赋予的权利边界，违反了版权立法的政策目的，对他人或社会造成不利影响。

1. 版权滥用规则的源起

1942 年，Morton Salt Co.v, G.S.Suppiger Co. 一案通常被认为是美国现代专利滥用制度的起源，[⑤] 美国法院首次使用“滥用”（Misuse）一词。在该案中，在盐片沉淀机器上享有专利的权利人要求其机器的租赁者只能从权利人

① 易继明：《禁止知识产权滥用原则在知识产权领域中的适用》，《中国法学》，2013 年第 4 期，第 39 页。

② 在 Keystone Driller Co.v.General Excavator Co. 一案中，联邦最高法院指出，必须要维系衡平法上的“不洁之手”这一基础性原则。

③ 国家知识产权局条法司：《专利法研究（2005）》，专利文献出版社 2006 年版，第 445 页；易继明：《禁止知识产权滥用原则在知识产权领域中的适用》，《中国法学》，2013 年第 4 期。

④ *See* Herbert Hovenkamp, Mark A.Lemley, *IP and Antitrust: An analysis of Antitrust Principles Applied to Intellectual Property Law*, Aspen Publishers, 2016, pp.3-57~3-63.

⑤ 尽管在此之前，美国最高法院也曾拒绝在涉及专利权人将专利发明与专利产品捆绑的案件中认定专利侵权，但是这些案件并没有明确将专利权的不可执行认定为是专利滥用下的救济，也没有指出专利滥用可作为被控侵权人的一种辩护，由此不被认为是美国现代专利滥用制度的起源；*See* Carbice Corp.of Am. v.Am.Patents Dev.Corp., 283 U.S.27, 31 (1931); Motion Picture Patents Co. v. Universal Film Mfg.Co., 243 U.S.502, 517 (1917).

处购买盐片，[①]法院认定专利权人将专利与无专利产品（盐片）捆绑在一起的行为，超出了法律赋予其在机器上享有的专利权的范围，该行为不仅违背了市场竞争，也违背了专利法体系中所涉及的“公共政策”与“公共利益”，构成专利权滥用。[②]由此，专利权人不能对任何人强制执行其专利权，直到这种“不正当的做法被放弃”或者“滥用的后果消失”。[③]这种既提及违反反垄断，又提及对“专利政策”违反的理由，也是后续引入知识产权滥用时所依据的主要理由。在此之后，法院以“专利滥用”为由宣布了许多带有版权滥用性质的许可协议无效，尤其是涉及将专利产品与非专利产品捆绑搭售的情形。就这样，美国通过司法判例将“专利滥用”作为专利侵权抗辩规则发展起来，并在后续的《专利法》修改中直接增加了关于不属于专利滥用情形的规定。1975 年，美国司法部颁布了“九不规则”（The Nine No–Nos），规定了九种“本身违法”的专利滥用行为，只要符合就构成专利滥用。专利滥用在争议中发展起来，发展过程中不断扩张适用和限缩适用，最后将“专利滥用”的标准与反垄断法的标准持平，即在大部分案件中，构成专利滥用需要依据反垄断的检验标准进行审查，检验相关市场、市场支配地位以及竞争效应。

版权滥用规则是基于专利滥用发展起来的，但是与专利滥用规则并不完全相同。在 1990 年之前，只有少数地区法院的案件承认了版权滥用抗辩，[④]虽然当时的专利滥用制度已经存在了将近一个世纪，但是仍有许多法院否认在版权领域适用类似的制度。[⑤]1990 年后，随着计算机产业的兴起，美国许多地区法院与巡回上诉法院都认可了版权滥用制度，在不少的案件中判定版

---

① *See* Morton Salt Co.v.GS Suppiger Co.314 US 488 (1942), p.490-91.

② 同上注，第 491-92 页。

③ 同上注，第 493 页。

④ *See* M.Witmark & Sons v.Jensen, 80.F.Supp.843, 850(1948); Vogue Ring Creation, Inc.v.Hardman, 410 F.Supp.609, 615-616 (1976); Cf.BMI v.CBS, 562 F.2d 130, 141 n.29 (2d Cir.1977).

⑤ *See* Foreign Car Parts v.Auto World, Inc., 366 F.Supp.977 (1973).

权滥用导致版权不可执行，① 例如在 American Med.Assn 一案 ② 中，法院指出 AMA 将其作品授权给政府机构，许可条件是它们不使用竞争作品，这一规定构成版权滥用，尽管该条款没有得到执行；在 National Assn.of Realtors 案中，法院认定因版权滥用而使许可协议无效，因为它排除了被许可方的竞争；③ 在 Tamburo 案中，法院认定阻止开发竞争产品的软件许可协议，无论是否基于软件，都构成专利滥用。④ 事实上，大部分版权都没有市场支配地位，只有在计算机产业，或者少数的音乐与电影的案件中，社会才需要担心权利人利用版权去控制和破坏市场竞争。⑤ 但是，正如 Data General 案中，法院指出的，不能因为版权滥用多数适用于计算机产业就完全否认版权滥用抗辩。⑥ 基于此，版权滥用制度发展起来并在美国判例法中被广泛接受。

2. 版权滥用的判断标准

专利滥用是否只有在专利权人同时违反反垄断法的情况下才适用，这个争论持续了很长时间。同样的争论也存在于版权滥用的案件，最开始法院和评论者都称其为版权领域的“反垄断滥用抗辩”（antitrust misuse defense）⑦，表明版权滥用的成立是基于对反垄断法的违反。在早期和现在的一些案件中，法院确实适用反垄断的标准认定版权滥用。⑧ 典型的是在 Bellsouth Advertising v.Donnelley Information Publishing 案中，法院指出，如果没有证明违反反垄断

---

① *See* Alcatel USA v.DGI Technologies, 166 F.3d 772(5th Cir.1999); Practice Management Info. Corp.v.American Med.Assn., 121 F.3d 516, 520-521(9th Cir.1997); DSC Communications v.DGI Technologies, 81 F.3d 597 (5th Cir.1996); PRC realty Sys.V.National Assn of Realtors, 1992 U.S.App.Lexis 18017(4th Cir.1992); Lasercomb America v.Reynolds, 911 F.2d 970(4th Cir.1990); F.e.l.Publications v.Catholic Bishop, 214 U.S.P.Q.409, 413 n.9(7th Cir.1982); Ocean Atlantic Woodland Corp.v.DRH Cambridge Homes, No.02C 2523, 2003 WL 22225594 (N.D.III.Sept.24, 2003); Tamburo v.Calvin, 1995 WL 121539 (N.D.III.Mar.17, 1995); qad, Inc.v.ALN Assocs., 770 F.Supp.1261, 1267-1269(N.D.III.1991).

② *See* Practice Management Info.Corp.v.American Med.Assn., 121 F.3d 516, 520-521(9th Cir.1997).

③ *See* PRC realty Sys.V.National Assn of Realtors, 1992 U.S.App.Lexis 18017(4th Cir.1992).

④ *See* Tamburo v.Calvin, 1995 WL 121539 (N.D.III.Mar.17, 1995).

⑤ *See* Herbert Hovenkamp, Mark A.Lemley, *IP and Antitrust: An analysis of Antitrust Principles Applied to Intellectual Property Law*, Aspen Publishers, 2016, p.3.

⑥ *See* Cf.Data General Corp.v.Grumman Sys.Support Corp., 36 F.3d 1147, 1170.

⑦ *See* Paul Goldstein, “*Copyright's Highway: From Gutenberg to the Celestial Jukebox*”, Stanford Law and Politics, 2003, pp.9:38-1 to 9:39.

⑧ *See* Bellsouth Advertising &Pulb'g Corp.v.Donnelley Information Publishing, Inc., 933 F.2d 952, 961 (11th Cir 1999); Reed-Union Corp.v.Turtle- Wax., Inc ., 77 F.3d 909 (7th Cir.1996).

法将不会成立版权滥用。① 然而，随着版权制度逐渐发展，越来越多引用“滥用规则”的判例中不再强调对反垄断法的违反，而是强调对“版权政策”本身的违反，② 版权滥用抗辩适用的整体是不完全与反垄断法一致的，许多案件认定版权滥用是基于版权法的政策性目的，而非反垄断标准。③ 因此，在这点上，版权滥用与专利滥用案件有很大的不同，版权领域“滥用”规则的发展并不完全趋同于反垄断法，而是逐渐背离反垄断标准，强调对“版权政策”本身的违反，但并不是说版权滥用不能基于反垄断法，还是有很多案例是基于违反反垄断法判决的。④ 换句话说，版权滥用可以因违反反垄断法成立，但是其本身涵盖的范围比反垄断法要广。⑤ 这也许与版权领域中占据较少市场支配地位的存在有关。

2.1 版权滥用之可能损害竞争的后果

专利滥用的大部分案件并不是不正当的专利侵权主张，而是基于有效专利权许可方面的不正当之处，在大多数这类滥用案件中，所谓的伤害是源于对竞争的威胁。在这一点上，版权滥用案件与专利案件一样。版权滥用指控被用来针对版权集体管理组织，针对版权作品共谋固定价格的行为，⑥ 或用来针对版权产品的搭售行为，⑦ 或者针对版权许可协议中的独家交易或者不竞争条款。⑧ 在这些案件中，版权滥用的提出并不是因为版权人试图扩大版权保护期限或者范围而违背了版权政策，而是因为在版权许可过程中的限制竞争行为，这些行为在证明满足反垄断法要求的情况下，也将构成违反反垄断法。

例如在 Lasercomb America 一案中，原告 Lasercomb 在许可被告使用其软件时，要求被告在 99 年之内不得以此为基础进行后续开发，设计竞争性产

① *See* Bellsouth Advertising v.Donnelley Information Publishing, 933 F.2d at 961.

② *See* Lasercomb Am., Inc.v.Reynolds, 911 F.2d 970, 978(4th Cir.1990); Bateman v.Mnemonics., Inc., 79 F.3d 1532, 1547(11th Cir.1996);Practice Management Info.Corp.v.American Med.Assn., 121 F.3d 516 (9th Cir.1997).

③ 例如在 Practice Management Info.Corp.v.American Med.Assn., 121 F.3d 516, 520-521(9th Cir.1997) 一案中，法院阐明版权滥用的构成并不必然要求违反反垄断法。

④ *See* BMI v.CBS, 562 F.2d 130, 141 n.29 (2d Cir.1977).

⑤ *See* Melville Nimmer & David Nimmer, Nimmer on Copyright, *LexisNexis,* at 13-284.

⑥ *See* CBS v.BMI, 562 F.2d 130 (2d Cir.1977), rev'd, 441 U.S.1 (1979).

⑦ *See* Microsoft Corp v.BEC Software, 818 F.Supp.1313 (C.D.Cal.1993).

⑧ *See* Lasercomb Am., Inc.v.Reynolds, 911 F.2d 970, 978(4th Cir.1990); Practice Management Info.Corp. v.American Med.Assn., 121 F.3d 516 (9th Cir.1997).

品。法院并未认定被告破解原告技术措施并制作侵权软件复制件的行为构成侵权。而是认可了被告提出的版权滥用抗辩，因为原告版权人“试图通过其行使版权的行为在权利保护范围之外限制竞争”。① 在该案中，虽然该合同条款可能具有限制竞争效应，但是法院认为没有必要认定该条款本身确实违反了反垄断法，遂没有对此进行相关市场界定及市场支配地位与竞争效应分析。而且，法院进一步指出，针对是否构成版权滥用是基于合理原则进行考量，法院首先应当确认版权人要求的限制内容是否在法律赋予的版权垄断权范围之内，如果是，那么这些行为本身就是合法的；如果不是，法院要进一步确定，这些行为作为整体是否会促进或限制竞争。如果特定的活动，例如某些许可条款将限制竞争，那么就将构成版权滥用。②

在版权滥用的评估中，对竞争的损害并不是基于实施版权本身，而在于试图利用版权控制超过版权范围可控的市场。③Lansercomb 利用版权许可协议迫使被许可人同意不与之竞争，这不在版权赋予的控制内容范围。同样，版权人不会仅因为拒绝许可版权作品就构成版权滥用，只有这个拒绝许可是基于限制竞争的许可条件，或者其利用拒绝许可去获得市场支配地位，才会被认为构成滥用。在 Naspter 案 ④ 中，被告 Napster 挑战 MusicNet 与其签订的独家条款要求录音公司同意只通过其获得音乐曲目。法院被要求确定原告试图控制数字音乐发行市场从而构成版权滥用。从美国的司法实践可知，虽然反垄断法在多年来都用于评估市场行为的限制竞争效应，但是并不表明在所有的版权相关案件中，被告都需要举证证明版权人具有市场支配地位，且造成的竞争损害足以引起反垄断法的约束，在这点上，版权滥用的判定标准是低于反垄断法的。

2.2 版权滥用之超越版权法定范围或滥用诉讼程序

相当一部分滥用的主张是基于版权人试图扩大版权法授予的权利的范围与期限，并通过法律诉讼的方式进行。法院不应该支持超过法律保护范围

---

① *See* Lasercomb Am., Inc.v.Reynolds, 911 F.2d 970, 978(4th Cir.1990); Practice Management Info.Corp. v.American Med.Assn., 121 F.3d 516 (9th Cir.1997).

② 同上注。

③ *See* Herbert Hovenkamp, Mark A.Lemley, *IP and Antitrust: An analysis of Antitrust Principles Applied to Intellectual Property Law*, Aspen Publishers, 2016, pp.3-62.

④ *See* In re Napster, Inc.Copyright Litig., 191 F.Supp.2d 1087, 1105(N.D.Cal.2002).

的版权，否则将会不合理地扩宽法定的版权保护范围。[①] 正如波斯纳法官在 Assessment Technologies 案中表达的，除了反垄断标准适用版权滥用外，版权滥用可以基于版权人利用版权诉讼去获得法律没有赋予的版权保护内容，希望迫使被诉方接受和解，或者利用法律的复杂性或缺乏法律解释赢得胜利，这是对版权保护程序的滥用。[②]

在 ALN Assocs 案 [③] 中，法院认为原告谎称计算机软件是自己研发的，实际上是别人的。法院认为，当版权人试图利用法律诉讼程序去扩大保护版权内容，法院将拒绝实施该版权。在该案中，Qad 利用版权诉讼程序起诉 ALN，禁止使用他并没有授权的内容，同时指控其滥用了司法程序与版权法，Qad 试图获得对 ALN 限制的禁令，试图误导法院去不合理限制 ALN。该版权滥用的行为不合理地扩大了 Qad 所拥有的版权范围，并违背了版权法的基本宗旨。该案并不是基于竞争的考虑认定版权滥用，而是基于版权制度本身与司法的完整性。版权法政策的宗旨是具有经济性的，但并不一定是竞争导向的。版权法不仅要给版权人一个确定的权利，而且还要考虑社会公众的利益。许多版权滥用的案件都是版权人试图跨越法律给予的版权权利范围。

在 DSC Communication 案 [④] 中，第五巡回法院利用版权滥用条款阻止原告扩大其版权范围，试图获得一种“与专利类似的垄断”。在该案中，DSC 出售用于手机开关的在 DSC 享有版权的操作系统上运行的微处理器卡。DGI 想要出售一个可适用于 DSC 开关的微处理器卡。为了制造可适配的微处理器卡，DGI 在 DSC 的操作系统上测试。法院拒绝了 DSC 基于 DGI 的操作系统进行临时复制构成版权侵权的主张，认为其版权侵权的主张构成版权滥用，因为其不仅试图利用版权控制受版权保护的操作系统软件，还试图控制不受版权保护的微处理器卡。其中也并不涉及违反反垄断法的分析，其中问题的关键是，版权法是否保护了这项权利内容，如果是，则不会构成版权滥用，因为并不是寻求法律之外的版权保护内容；如果不是，则将构成版权滥用。

虽然这些案件中版权不侵权可以解决，但是引入版权滥用条款的目的是，

① *See* M.Witmark & Sons v.Jensen, 80 F.Supp.843, 849(1948); Herbert Hovenkamp, *IP and Antitrust*, pp.3-58.

② *See* Assessment Technologies v.WIREdata, 350 F.3d 640 (7th Cir.2003).

③ *See* Qad, Inc.v.ALN Assocs., 770 F.Supp.1261, 1267-1269(N.D.III.1991).

④ *See* DSC Communications v.DGI Technologies, 81 F.3d 597 (5th Cir.1996).

对那些试图获得超越法律赋予其权利予以惩罚。[①] 构成滥用的结果不仅是不能执行那个要求过宽保护的内容，同时也失去了要求保护确实侵权的内容请求的资格。这是基于版权制定的政策基础，基于对权利人、二次创作者、社会公众、消费者利益平衡的结果，是具有经济性的，但与反垄断不同。[②]

2.3 版权滥用之其他负外部性考虑

除上述内容之外，还有一些案件，版权许可并没有违反反垄断法，也没有明确超越版权法授权范围行使权利，但是出于其他经济考虑因素认定为滥用，即该许可协议具有显著的负外部性，许可双方的合同可能对第三方施加显著的未被补偿的成本。在这种情况下，版权法可能禁止某类协议，反垄断法不禁止。例如，法院可能会认为禁止反向工程的合同条款不可履行，尤其当这是一个格式合同时，因为该协议实质上违反了对版权的重要限制。该协议可能不会违反反垄断法，但是该协议对第三方有明显的负外部性。[③] Rober Merges 曾指出，如果真的存在对第三人的负外部性。使用滥用条款是适宜的，[④] 在 Video Pipeline Inc 案中，迪士尼许可其电影的网络传播的条件是被许可人展示的内容不能批评迪士尼。第三巡回上诉法院认为，公共政策应当是有利于增加社会中的创造性活动的，所以其有提及在适当情况下适用滥用抗辩。[⑤]

3. 民事权利滥用与版权滥用的联系与区别

3.1 民事责任理论中的权利滥用制度

权利滥用制度起源于法国，在 1855 年的一起“恶意阻拦”案件中，一土地所有者以阻挡邻居的光线为目的，恶意建造了一根实际无用的高大假烟囱，虽然按照当时法国《民法典》第 544 条[⑥]，土地所有者可以在其土地范围内以

---

① *See* Herbert Hovenkamp, Mark A.Lemley, *IP and Antitrust: An analysis of Antitrust Principles Applied to Intellectual Property Law*, Aspen Publishers, 2016, pp.3-60.

② 同上注，第 3-61 页。

③ 同上注，第 3-63 页。

④ *See* Robert P.Merges, “Intellectual property and the costs of commercial exchange: A Review Essay”, *Mich.L.Rev,*Vol, 93,1995, p.1570.

⑤ *See* Video Pipeline Inc.v, Buena Vista Home Ent.Inc.342 F.3d 191 (3d Cir.2003).

⑥ 当时的法国《民法典》第 544 条规定：所有权是指以最绝对的方式享有和处置物品的权利，但不得以法律、法规禁止的方式使用；*See* Code Civil [C.civ.] art.544 (John H.Crabb, trans., Fred B.Rothman & Co.1977) (1976).

任意的方式建造任意样式的建筑，没有法律规定其不能建造假烟囱。但是法院还是下令拆除该假烟囱，原因是该行为是恶意行使权利且没有合法利益，属于权利滥用。[①] 在此之前，法国法院也曾责令一泉水的主人减少产水量，原因在于其水的过量生产及浪费影响了邻居三分之二的产量。[②] 确实，任何权利都不是绝对的，给予某人权利的同时意味着对他人自由产生限制，他人不仅需要尊重这些权利，而且在一些情况下，权利的行使还会对他人产生损害，这就需要考虑在何种程度上对权利进行限制是适宜的，否则将会出现社会不公正的结果。在欧洲大陆，限制私有权利行使的主要工具之一是“权利滥用条款”,[③] 其具有道德、社会公正与社会秩序等内涵，可适用在不同情形下。尽管“权利滥用条款”一开始引起了许多争议——在法律赋予的框架内行使权利怎么会构成滥用呢？随着 20 世纪法律社会化运动（socialisation of law）的兴起，“权利滥用”的理念被完全接受，促使接受该规则，考虑权利行使过程中的竞争与对社会整体福利的影响，保护合同关系中较弱的一方。[④]

权利限制分为权利内部限制与权利外部限制，权利外部限制决定了权利的外部边界，例如，土地所有者有权在土地上建造房屋，但是它必须避免侵犯邻居的财产，这是权利外部限制。权利内部限制是在权利的行使过程中产生限制，例如，土地所有者有权利在自己的土地上修建房子，理论上其可以将房子建成各种他想要的样子，但是如果他为了故意阻挡邻居而建造一个实际上无用的烟囱，该行为虽然没有超过其外部界限，但是也属于超越其权利范围的行为，超出了权利内部的限制。立法者通常会确定权利的外部界限，但是一般很少明确界定权利的内部限制类型，所以要基于法律的基本原则和法律的精神理解权利的内部限制。

从法国与荷兰的经验看，权利滥用可以基于三种理念。第一种是最常用的对权利滥用的解释，基于民事责任中的过错。权利主体的过错可以被认定为权利滥用，如果他不是按照一个合理和谨慎的人的行为行使这些权利的

① *See* Judgment of May 2, 1855, Courd' appel, Colmar, 1856 Recueil Periodique et Critique [D.P.] 119.

② *See* Mayor of Bradford v.Pickles, [1895] App.Cas.587.

③ *See* Lucie Guibault, *Copyright Limitations and Contracts.An Analysis of the Contractual Overridability of Limitations on Copyright,* Kluwer Law International, 2002, p.184.

④ 同上注，第 185 页。

话。[①] 但是这只有在证明存在过错与损害的情况下才可以成立滥用，在现实中并不是所有滥用行为都存在过错与损害，这个理念并没有解决最初构成滥用的基本问题。第二基于被告想造成损害的故意行为，认定构成权利滥用。[②] 该理念引入了一个道德因素来评判是否构成滥用，意味着权利人在权利范围内行使该权利，是权利人的主观状态改变了该权利行使的结果。这种以权利人主观状态决定权利滥用的方式太过狭窄。[③] 第三种解释是相对最合理的，即所有的权利都有社会功能，所以这些权利的行使也应当符合它们的这些功能。换句话说，权利赋予个体并不仅仅是为了个体的私人利益，也为了社会整体的利益，所以，每一项权利的行使必须符合当初被赋予时的目的。在该理念下，当任何行使权利的行为与权利被授予时的目的相违背时，就属于权利的滥用。以该权利行使的社会结果来定义权利滥用可被更多人接受，虽然该理论被自然权利理论抨击，认为是不尊重权利个体的自由，但是这种行使权利的社会“结局”（Finalist）的观念并不排斥尊重个体自主自由的个人因素，且与重视过错或者权利人的主观因素不同，这种重视行使权利的社会功能的理念，是解释权利滥用条款的最佳角度。[④]

在欧洲国家立法中，法国的《民法典》第 1383 条关于民事责任的规定和第 544 条，对权利滥用进行了宽泛的规定：“财产权是以最绝对的方式享受和处置事物的权利，但不得以法律、法规禁止的方式使用。”[⑤] 但是法律并没有指出在何种情况下会构成滥用。从司法实践角度来看，法国法院基本都是基于上述的三个理念判定是否构成权利滥用的。[⑥] 在荷兰，其 1992 年新的《民法典》第 3:13 条以列举的方式规定了何种情况下构成滥用，将上述三种理念都纳入。其规定，滥用权利是行使一项权利，其唯一意图是伤害另一人的目的，或者基于违背立法目的的方式行使；或权利人不合理地行使权利造

① 同上注，第 186 页。

② *See* Jean Dabin, *Le droit subjectif,* Dalloz 1952, p.293.

③ Lucie Guibault, *Copyright Limitations and Contracts.An Analysis of the Contractual Overridability of Limitations on Copyright,* Kluwer Law International, 2002, p.186.

④ 同上注，第 188 页。

⑤《拿破仑法典（法国民法典）》，李浩培等译 . 商务印书馆 2018 年版。

⑥ 同注②，第 188 页。

成利益之间的不平衡和由此造成了损害。[①] 根据该规定，权利人在行使权利时必须考虑可能造成的利益不对等或不平衡局面，以及可能造成的损害。与法国和荷兰不同，在德国权利滥用仅仅体现在 BGB 的第 242 条关于 Treu und Glauben 的基本原则，要求债务人有义务在适当顾及惯例的情况下，本着诚意履行义务。

总的来说，作为一种权利限制理念，权利滥用理论适用于任何法律，当权利行使的行为与其中的法律关系、法律目的不相符合时即可适用，也就是说，如果权利人通过合同行使权利的行为被认定为滥用的时候，法院可以宣判不执行因合同产生的义务。[②] 在这里，基于民事法律的权利滥用与欧盟规定的涉及竞争法的滥用市场支配地位的限制竞争行为不同，前者不需要证明任何关于市场支配地位和限制竞争效应。认定权利滥用可以基于以上三种中的任意一种理念，基于民事责任中的过错，基于权利人的主观恶意或基于权利行使与权利赋予目的和社会功能不相符。与基于竞争法的滥用规则不同，基于民法的权利滥用并不直接对合同自由产生限制，尽管该条款的可适用性会让合同相对方感受被限制。

3.2　美国版权滥用抗辩制度

版权滥用制度诞生于美国，作为版权侵权中的一种抗辩适用，美国普通法上的版权滥用制度与欧洲民法理论中的权利滥用毫无关系，前者是法院在长时间的司法实践中发展出来的一种侵权抗辩事由，并不诞生于财产法、侵权法而是源于反垄断法和“不洁之手”的理念。尽管二者产生的历史背景不同，但其内涵与欧洲民法上的权利滥用理念非常相似。基于“不洁之手”理念，如果权利人存在不合理的行为，会阻止其实施权利；如果侵权人存在不合理的行为，也会影响其适用权利滥用抗辩。[③] 有些法院主张要依据反垄断规

---

① *See* Netherlands Civil Code, 1990, Art.3:13(2), which states: 2.Instances off abuse of right are the exercise of a right with the sole intention of harming another or for a purpose other than that for which it was granted; or the exercise of a right where its holder could not reasonably have decided to exercise it, given the disproportion between thee interest to exercise the right and the harm caused thereby.

② *See* Lucie Guibault, *Copyright Limitations and Contracts.An Analysis of the Contractual Overridability of Limitations on Copyright,* Kluwer Law International, 2002, p.190.

③ *See* Atari Games Corp.v.Nintendo of Am.Inc., 975 F.2d 832, 846, 24 U.S.P.Q.2d 1015 (Fed.Cir.1992).

则判定版权滥用。[①] 但是与民法权利滥用规则不同，其只能在知识产权侵权诉讼中作为抗辩事由使用。在版权滥用案件中，自 Lansercomb 案的判决后，该原则被许多案件采纳，集中在关于许可计算机软件与音乐表演权利的一揽子许可的案件中。法院表明，版权滥用抗辩是根植（存在）于版权法中的，就像专利滥用抗辩根植于专利法中一样。[②] 版权的授予是基于美国宪法所表明的公共政策，即促进科学进步和艺术的发展，基于此授予创作者独占性的权利。同样基于此，也禁止行使该项权利与该权利被授予时的公共政策目的相违背。[③] 自此之后，大部分的版权滥用抗辩基于其权利行使行为违背了版权法的政策目的。

虽然美国有些法院主张要依据反垄断规则判定版权滥用，[④] 但是大部分法院的滥用判决都是明确或隐含拒绝以构成违反反垄断法来适用版权滥用规则。[⑤] 这其实与版权特点有关，一方面，在版权领域难以证明市场支配地位的存在，消费者对文化类产品具有较强的个人消费偏好，需求替代性强，论证市场支配地位与竞争效应并非易事；另一方面，反垄断标准并不能反映版权政策理念的全部内容，换句话说，版权法基于版权公共政策理论规范权利行使行为的范围比反垄断法的标准宽，许多不违反反垄断法的行为可被认定违背版权政策，或基于“不洁之手”理念进行规范。例如，版权滥用可对抗利用合同条款限制版权使用者对其作品进行批评的行为；[⑥] 再如版权滥用可对抗表演权集体管理组织没能通知被告审查歌曲清单，已确定哪些属于其版权的

① *See* Herbert Hovenkamp, Mark A.Lemley, *IP and Antitrust: An analysis of Antitrust Principles Applied to Intellectual Property Law*, Aspen Publishers, 2016.

② *See* Lasercomb America, Inc.v.Reynolds, 911 F.2d 970.

③ *See* Lasercomb America, Inc.v.Reynolds, 911 F.2d 970 (4th Cir.1990).

④ *See* Herbert Hovenkamp, Mark A.Lemley, *IP and Antitrust: An analysis of Antitrust Principles Applied to Intellectual Property Law*, Aspen Publishers, 2016.

⑤ 例如：Practice Mgmt.Info.Corp.v.American Med.Assn., 121 F.3d 516, 521, 43 U.S.P.Q.2d 1611 (9th Cir.1997); Lasercomb Am., Inc.v.Reynolds, 911 F.2d 970, 978, 15 U.S.P.Q.2d 1846 (4th Cir.1990); Broadcast Music, Inc.v.Moor-Law, Inc.527 F.Supp.758, 772, n.24, 212 U.S.P.Q.873 (D.Del.1981), aff'd mem., 691 F.2d 490 (3d Cir.1982).

⑥ *See* Video Pipeline Inc.v, Buena Vista Home Ent. Inc.342 F.3d 191 (3d Cir.2003)；法院认定迪士尼的行为会影响社会中创造性活动的增加，有提及在适当情况下适用滥用抗辩。

清单的行为。①

但是，版权滥用判断标准不等同于反垄断判断标准并不代表版权滥用规则不能考虑版权行使中的市场与经济因素，与之相反，市场因素是版权滥用抗辩适用中考虑的重点。版权法的本质是牺牲一定的市场竞争自由换取创新带来的社会动态效率提高，宗旨是服务于激励创作与内容文化产业发展，换句话说，版权法是以激励创作或激励创新投资为目的，赋予创作者在一定期限内对自己创作成果的垄断性收益，其最终的目的也服务于社会效率最大化的结果。由此，版权滥用制度作为对版权行使过程中违背版权政策行为的矫正，当然需要考虑版权行使过程中对版权市场竞争与再创新的影响。虽然 Lasercom 案并没有适用反垄断标准判定版权滥用，但法官也主要基于对相关市场竞争的影响进行论证。在许多计算机软件适用版权滥用的案件中，虽然没有适用反垄断标准，但都考虑到计算机软件是功能性的，可能受益于其网络效应，版权可以因此赋予市场支配地位，结局可能是减少竞争。计算机程序以外的版权作品有时会受到网络外部性市场力量的影响，例如在 American Medical Assn 案②中，法院认定规定不能适用竞争系统的许可规定构成滥用，关键在于其许可限制了对其他竞争系统的选择。

3.3　小结

总之，民法中的权利限制理论与美国版权滥用抗辩中的对版权政策目的的违法相符合，两者都是表明，权利人通过合同或其他方式行使权利违背了权利被授予时的政策性目的就要受到限制，都是基于行使权利违背了社会公共政策，或者违背了权利被赋予时的目的。利益平衡是法律政策制定者在决策过程中的主要内容，版权法中的限制制度也是一样的。重点是要确认权利赋予时的目的与公共政策内容是什么，什么情况下行使权利的行为违背了这些社会目标。

① *See* Tempo Music, Inc.v.Myers, 407 F.2d 503, 507, 160 U.S.P.Q.707 (4th Cir.1969)；“我们认为，当 Myers 向 ASCAP 发出通信时，有义务根据反托拉斯同意判决第 14 段告知其编辑义务，并告知可根据请求提供这类服务，而 Myers 本来可以公平地解释为请求协助避免侵权。”

② *See* Aguirre-Aguirre v.Immigration Nat.Ser, 121 F.3d 521.

四、限制制度规制内容平台的具体展开

正如前文所述，版权限制制度中的首次销售原则、法定许可制度、合理使用制度与版权滥用制度可以用于版权滥用行为的规制，分别作为事前规制与事后规制。其中，首次销售原则被认为不适用于网络环境，相比于其他三种制度，其对内容平台版权滥用规制发挥的作用较小，但是也存在可讨论的适用空间，用于防止权利人控制多层级的内容传播市场。而法定许可制度、合理使用制度与版权滥用制度都可作为限制制度的选择，法定许可制度适用于内容平台规制利大于弊，合理使用制度可基于"对权利人市场损害"的要素分析，在对版权人市场利益或潜在市场利益影响小的情况下，允许使用者进行使用与二次创新。版权滥用制度可作为事后规制的制度选择，但是由于其存在模糊性，需要对其判断标准进行进一步确定。本书认为，版权滥用制度可作为侵权抗辩适用于版权滥用规制。

（一）事前规制制度选择

1. 首次销售原则适用困难

事前规制中的首次销售原则理论上不可适用于内容平台规制。根据首次销售原则的要求，其防止权利人对"物"的流转造成限制，以存在物质载体为前提，故该特性使其不适用于网络环境。

首次销售原则不适用于网络环境的原因是"销售"行为性质的改变，数字化作品复制件的转移往往都伴随着复制行为，而复制权并不包含于首次销售原则中。在 2013 年 Capitol Records, L.L.C.v.Redigi Inc 案[①]中，Redigi 公司为全球首家二手数字音乐交易平台，其通过网络销售技术，确定用户的音乐作品是从苹果音乐网店上合法购买的之后，将用户预售的音乐文件上传到平台的"云端存储"中，并利用软件进行检索，防止用户在电脑里保存数字音乐备份，一旦作品转手，该音乐文件的使用权就转移到新用户手中。由此实现"转售—删除"的效果。美国国会唱片公司诉 Redigi 公司侵权，Sulliven 法官

① *See* Capitol Records, L.L.C.v.ReDigi Inc., No.12 Civ.95 (RJS), F.Supp.2d, 2013 WL 1286134 (S.D.N.Y.Mar.30, 2013).

在判决中指出，被告的使用技术将处于用户计算机中的音乐文件转移到交易平台的“云端存储”中，其过程实际上是复制了一个新的音乐文件，而这个复制并没有得到版权人许可，由此构成侵权。针对被告“首次销售”的抗辩，Sulliven 法官指出：“由于 Redigi 平台上的复制件是属于未经授权的违法复制件，首次销售原则只适用于合法的有形载体的复制件转售，如果该案要成功抗辩，必须使得用户将最初储存音乐文件的硬盘一同销售。”[①] 从该案判决中我们可以看出，除非网络传输伴随着“转移—删除”的程序，或者利用网络传输下载到有形载体上[②] 才有可能适用首次销售原则；其次，在不断增长的数字传播世界中，首次销售条款对于单纯数字形式的作品来说将变得没有意义，也使得二手市场在数字环境中被废弃。[③]

综上所述，首次销售原则理论上不能适用于网络环境。虽然，现阶段依据首次销售原则的理论要求不可适用，但是不排除可利用改进首次销售原则，针对版权人控制传播市场层级进行限制，而究竟版权人可控制多少层级的传播市场值得进一步探讨。

2. 法定许可制度的适用利大于弊

2.1　法定许可制度的优势：降低网络内容平台的垄断风险

法定许可制度最主要的两个功能就是降低交易成本与防止市场垄断。法定许可制度能够有效降低网络内容平台的垄断风险，以网络音乐产业为例，在网络音乐产业的交易结构中，除了独立音乐人，唱片公司拥有大部分的音乐作品著作权，由此网络音乐平台的交易对象主要是唱片公司和独立音乐人。在此情况下，网络音乐平台与唱片公司的交易成本并不高，网络音乐平台无须花费很高成本搜寻音乐作品著作权人，唱片公司也可以很容易找到网络平台与之交易。由此，在网络音乐市场适用法定许可制度的主要优势是降低网络平台垄断的风险。

由于网络音乐平台属于双边市场结构，具有很强的网络外部性，新竞争

---

① *See* Capitol Records, L.L.C.v.ReDigi Inc., No.12 Civ.95 (RJS), F.Supp.2d, 2013 WL 1286134 (S.D.N.Y.Mar.30, 2013).

② *See* Information Infrastructure Task Force, Intellectual Property and the National Information Infrastructure (the Report of the Working Group on Intellectual Property Rights), 1995, p93; 工作组认为，如果作品复制件是通过网络合法购买并直接下载到有形载体上，该有形载体的转移适用首次销售原则。

③ 同上注，第 35 页。

者进入门槛高，而且音乐资源是网络音乐平台主要竞争力来源，当某家网络音乐平台独占大部分的流行音乐版权时，其他音乐作品的替代性低，独占大部分流行音乐作品版权的网络音乐平台可采用拒绝转授权的方式限制其他竞争者的竞争力。虽然独家授权模式不一定违反反垄断法，但是当某家网络音乐平台在相关市场的份额较大时，独占音乐版权对其他竞争者损害会更强，且其与音乐著作权人签订独家授权期限长时，该网络音乐平台的独家授权行为是具有垄断风险的。而防止市场垄断一直都是制定法定许可的目标之一，也是法定许可的功能之一。相比于反垄断法，法定许可作为著作权法的限制制度之一，其采用列举的方式规定适用法定许可的情形，具有一般性，界权成本低，能够在一定程度上以低成本方式防止著作权主体进行市场垄断。

2.2 法定许可制度的弊端：阻碍内容平台差异化竞争与定价困难

对于内容平台而言，拥有独家的内容可以为其带来竞争优势地位，可以说内容竞争是互联网内容平台进行竞争的主要方式。在缺乏法定许可制度的情况下，网络内容平台可利用差异化的内容吸引体现自身内容平台的优势，吸引不同种类的消费者加入平台，如网络音乐平台可与民谣著作权人签订独家授权协议，突出音乐平台提供民谣内容的特色，吸引喜好民谣音乐的用户使用该平台。而在法定许可制度的背景下，当唱片公司将音乐作品著作权许可给一家网络音乐平台后，其他网络音乐平台可以不经过音乐著作权人的许可，只需要按照法律规定缴纳法定许可使用费之后就可直接传播该音乐作品，这阻碍了内容平台差异化竞争，与我国内容产业发展趋势相冲突。

另外，在法定许可制度背景下，法定许可费率由法律直接规定。由于信息不对称和法律滞后性等原因，法律规定的法定许可费率可能无法与音乐作品的市场价值相协调，可能定价过低影响版权人利益。起初，美国 1909 年版权法法定许可费率规定每份复制件 2 美分是依据 1909 年销售价格的 5% 制定的，并不算低。但是随着传媒技术的发展，内容作品的销售价格快速上涨，而通过法律规定的法定许可费率的数额短时间内很难更改，由此就出现了法定许可费率过低损害版权人利益的情况。例如在音乐领域，在美国 1909 年确立的每份 2 美分的价格维持了将近 70 年，直到 1978 年才有所提高。[①] 再加上

① *See* U.S.Bureau of Labor Statistics, Consumer Price Index, http://www.bls.gov/cpi/.

政府制定的法定许可费率通常都是适用于所有作品的单一费率，统一制定的费率也很难在许可费率方面反映出音乐市场上音乐作品的价值差异性，有的音乐作品质量高、价值高，高质量的音乐作品版权人想要获得更高的许可费率。

2.3　法定许可制度适用弊端的矫正

2.3.1　“利用资金优势进行差异化竞争”取代“以独家授权的方式进行差异化竞争”

法定许可制度可能会阻止内容平台以独家授权的方式进行差异化竞争，但是并不影响内容平台利用资金优势进行差异化竞争。以音乐平台为例，虽然法定许可制度下不可以独家授权排除他人传播相同的音乐作品，但是网络音乐平台传播音乐作品仍然要支付法定许可费，这意味网络音乐平台并不是都有能力支付全部音乐作品的法定许可费。假设所有音乐作品的法定许可费总额为 100 万元，A、B、C 平台都有 20 万元，A 平台可能会将 20 万元主要购买古典音乐版权，B 平台可能主要购买民谣歌曲版权，C 平台可能主要购买外文歌曲版权，在此情况下各平台之间依然可以进行内容的差异化竞争。由此，在法定许可制度下，网络音乐平台仍然可以进行内容的差异化竞争。

2.3.2　灵活定价机制消除定价过低、滞后难题

法定许可费率可能制定不合理，有损版权人的利益，该弊端可以通过修改法定许可费率制定的方式加以消除，比如可以根据零售价格的百分比灵活制定许可费率，或者不直接在法律中固定法定许可费率的数额，而通过另外易修改的行政规章加以制定。在确立法定许可费率时，可利用经济学和会计统计的方法辅助制定，使其更加符合作品的市场价值。另外，可以模仿美国设立“版税法庭”的做法，允许版权人对法定许可费率提出争议，使其更加符合版权人的利益。

通过上述分析，在网络音乐产业适用法定许可制度可以有效降低网络平台垄断的风险。虽然法定许可制度存在阻碍网络内容平台差异化竞争和定价困难的弊端，但是可以通过修改法定许可费率制定等方式加以消除。总的来说，在网络内容产业适用法定许可制度是利大于弊的。

（二）事后规制制度选择

首先，合理使用制度可以用来限制涉及公共利益与创新的版权滥用行为。

正如前文所述，合理使用制度可以被用来促进消费者接触与创作，鼓励经营者使用与创新。我国新修订的著作权法中引入了“三步检验法”，给予了法院结合内容市场特性灵活界定版权边界的自由。针对网络环境中累积性创新的特质，合理使用制度将利用灵活适用方式，防止权利人利用版权许可限制二级市场的创新，对规制内容平台中版权许可版权滥用起到积极作用。

其次，作为更加宽泛的版权滥用制度可规制版权滥用行为，但是要明确判断标准，否则过于宽泛和模糊的版权滥用制度将架空反垄断法的规制职能，造成过度干预市场的结果。

现阶段，针对知识产权滥用制度的设立存在许多争议。正如前文所述，在对知识产权许可行为进行法律规制时，知识产权滥用正在面临严峻的身份危机——应当如何界定知识产权滥用？知识产权滥用与反垄断法之间具有何种关系？应当以何种标准判断滥用行为？学界与司法界存在许多争议。这些矛盾体现在美国司法实践中，例如在 Mallinckrodt 案①中，法院思路表明：知识产权滥用基本上遵循反垄断法的思路，但也有可能有更宽的适用范围；在 Senza-Gel 一案②中，法院认为专利权人将肉类剔骨方法与剔骨机器搭售构成专利滥用，但是不构成垄断违法行为，因为该方法和机器不构成反垄断法要求的两种“独立的产品”；在 Assessment Techs 一案③中，法院认为，其行为为知识产权滥用行为，尽管没有证明反垄断法上的市场支配地位要件；在 Apple 一案④中，法院指出，苹果操作系统与苹果电脑相结搭的行为，构成知识产权滥用，无须考虑是否构成反垄断法上的违法行为。虽然我国现阶段仍未正式设立知识产权滥用规则，但对知识产权滥用的研究非常充分，主要集中于:（1）知识产权滥用规则的介绍、使用等;（2）知识产权滥用的判断标准;（3）知识产权滥用原则的存废问题。例如：易继明教授从基础理论出发，对禁止权利滥用原则在知识产权领域中的适用进行分析，在肯定知识产权滥用原则合理性的前提下，提出了二元分析框架。首先对知识产权人的行为进行分析，检测其行使的权利是否超出保护范围或保护期限等，接下来进行市

① *See* Mallinckrodt, Inc.v.Medipart, Inc.,976 F.2d 700,703-04,708(Fed.Cir.1992).

② *See* Senza-Gel Corp.v.Seiffhart, 803 F.2d 661,669-71(Fed.Cir.1986).

③ *See* Assessment Techs., LLC v.WIREdata, Inc., 350 F.3d 640,647(7th Cir.2003).

④ *See* Apple Inc.v.Psystar Corp., No.C 08-03251 WHA, 2009 WL 303046(N.D.Cal.Feb.6,2009).

场分析，只要行为本身不违法，都应当是允许的，为市场所接受。[①] 费安玲教授指出，知识产权滥用与知识产权不当行使行为之间有着本质的不同，知识产权滥用是权利人以违背社会与经济目的的方式行使权利，由非正当性的知识产权垄断行为构成。[②] 李琛教授肯定了知识产权滥用的意义，但否定将权利人的市场支配地位作为知识产权滥用可能性的唯一判断标准，认为反垄断法上的“滥用”与知识产权法上的“滥用”有所区别，后者应为诚信原则在知识产权行使领域的适用。王先林教授结合创新的发展，对反垄断法与知识产权滥用规制进行了研究。[③]

正如前文所述，版权滥用制度的功能在于矫正权利人通过合同或其他方式行使权利违背了权利被授予时的政策性目的的情形，其宗旨在于促进文化产业的发展，促进创新。而反垄断法主要是基于对市场竞争秩序规制，两者的规制逻辑不同。当反垄断法认为知识产权滥用行为对创新造成的影响不足以进行反垄断规制时，知识产权法内部的滥用条款可以基于该类行为具有损害创新可能性，基于版权法激励创新的立法目的进行规制。[④] 由此，版权滥用制度可作为版权许可中不合理限制竞争情形的规制的制度选择，因其灵活性令司法机关或者知识产权相关行政部门及时针对版权市场限制竞争行为进行规制。但需要明确版权滥用制度的具体判定标准，将其与反垄断制度区分开，否则将架空反垄断规制。正如我国曾试图在修法时加入版权滥用制度，但因为判断标准模糊引发许多争议，最后在送审稿中删除。但是本书认为，版权滥用制度是内容平台限制竞争行为规制的可用措施，虽然现阶段因认定标准模糊存在许多争议，但是不能因此就否定了其对版权市场进行监管的职能。

---

① 易继明:《禁止权利滥用原则在知识产权领域中的适用》,《中国法学》, 2013 年第 4 期，第 39-52 页。

② 费安玲:《防止知识产权滥用的制度理念》,《知识产权》, 2008 年第 3 期，第 3-10 页。

③ 王先林:《反垄断法与创新发展—兼论反垄断与保护知识产权的协调发展》,《法学》, 2016 年第 12 期，第 50-57 页。

④ *See* Christina Bohannan, IP Misuse as Foreclosure, *IOWA L.REV.*, 2011, p.475.

第三章　反垄断法的外部规制

一、版权滥用的反垄断规制规定

（一）欧盟

根据欧盟的法律，知识产权与知识产权许可完全受欧盟竞争法的约束，[①]这意味着《欧盟运行条约》第 101 条（限制反竞争协议和协同行为）与第 102 条（规制滥用市场支配地位）将完全适用于知识产权及其许可的情况。欧盟竞争法认识到，知识产权许可可以通过促进整个市场的知识产权准入来积极刺激竞争。同时，根据经合组织对知识产权的建议，欧盟竞争法认为某些涉及知识产权许可的商业行为可能对竞争有害。[②]同时，欧盟通过了第 2349/844 号条例（EEC）和第 556/895 号条例（EEC）、第 240/966 号条例（EC）以及《欧盟技术转让集体豁免条例》，管理欧盟委员会对专利和专有技术许可协议的“豁免”，从而实现知识产权许可和竞争法之间的平衡。对于版权滥用的反垄断规制主要适用《欧盟运行条约》第 102 条。

在欧盟的竞争法体制中，第 102 条的意义在于规制取得市场支配地位的经营者。当市场支配地位被用于阻止市场进入或排除现有竞争者，以达到破坏有效竞争的目的时，这就属于第 102 条的管辖范围。经过解释，第 102 条适用于防止对竞争产生消极作用或具有“排除竞争”效果的滥用行为，如无

① 由欧盟委员会（以下简称“欧盟”）发布的《技术转让指南》的序言部分对知识产权许可与欧盟竞争法之间的关系进行了很好的总结：第一，知识产权法授予权利人专有使用权并不意味着知识产权不受竞争法干预；第二，两个法律体系都具有促进消费者福利和资源有效分配的相同目标，并且知识产权和竞争政策应朝着该相似的方向发展。

② *See* Eu: irectorate For FInancial And Enterprise Affairs Competition Committee, Daf/Comp/Wd (2019) 52.

正当理由的拒绝交易、掠夺性定价、独占交易、搭售行为及歧视性交易。受102条约束的对象只是那些已经取得了市场支配地位的经营者。如果某企业尚未达到市场支配地位的最低标准，则不会受到第102条的影响。

《欧盟运行条约》第102条通过基本的禁止性规定，为规制市场支配地企业的经营行为搭建起了一个制度框架：在欧盟市场（或欧盟市场的主要部分）取得支配地位的一个或多个经营者采取的任何滥用行为，只要可能影响成员国之间的贸易，就是与欧盟市场相违背的，应该被禁止。① 第102条进而列举了4个滥用市场支配地位的实例，滥用市场支配地位的行为尤其包括如下情形：（1）直接或间接地要求对方接受不公平的买卖价格或其他不公平的交易条件；（2）限制生产或市场、技术的发展，以致损害了消费者的利益；（3）对处于同等情况下的贸易对象适用不同的条件，使某些贸易对象在竞争中处于劣势；（4）合同的订立以合同对方接受一定的附加义务为前提条件，而根据义务性质或通常的商业用途，附加义务与合同的目的没有任何联系。②

第102条对滥用行为的分析共分三步进行。第一步，要确定被指控的滥用行为所发生的"市场"；第二步，要确定该涉嫌滥用行为的企业是否在某市场上取得了"支配"地位，该企业取得支配地位的市场是否就是被指控的滥用行为发生的市场；第三步，要确定该企业被指控的行为是否构成"滥用"行为。其中，相关市场界定是根据产品的性能、价格及用途确定，相关市场包括所有被消费者视为可相互替代的产品与服务。③ 在Mechelin诉Commission案中，法院阐述，第102条所规制的企业行为首先有可能对某市场的结构造成影响，即这个市场上的竞争——作为该被告企业存在于市场上的直接结果——已经被削弱。其次，该企业的竞争措施不同于竞争对手就产品或服务展开的竞争措施，其可能阻碍市场上现有竞争水平的维护和发展。要认定第102条所禁止的对竞争有消极影响的滥用行为，必须满足以下两个条件：首先，要有限制竞争、削弱市场结构的企业行为，即排除现有的竞争者，或阻止新的竞争者进入市场；其次，还要求被告企业给竞争造成以上消

① *See* EU: the Treaty on European Union and the Treaty on the Functioning of the European Union, 2012/C 326/01, Article 102.

② 同上注。

③ *See* Commission Notice on the definition of the relevant market for the purpose of community competition law[1997]OJ C372/5,[1998] 4 CMLR 177.

极影响的方式不同于通常的以市场表现为基础的竞争方式。[①]

1. **不合理高价**

第 102（a）禁止市场支配地位企业“直接或间接地要求对方接受不公平的买卖价格或其他不公平的交易条件”。[②] 如果法院认为价格“明显高于”竞争水平，就可能存在第 102 条（a）条件下的“滥用行为”。[③] 但是对于定价问题，欧盟委员会比较谨慎，只在少数的案件中对明显不合理的过高定价适用第 102 条。对知识产权相关的案件更是如此，考虑到知识产权企业的创新研发成本，以及知识产权制度本身的激励创新功能，在涉及知识产权的案件中，高于竞争价格的销售价格很可能是合理的。正如在 Maxicar 案中，法院指出，尽管被告生产商就其生产的产品部件要价比其他独立生产商高，但“这并不必然构成滥用行为”，因为对某装饰设计拥有外观设计权保护的企业，可以合法地要求获得其为该外观设计所进行的投资回报。[④] 但是当知识产权定价涉及二级市场时，法院会更加地关注，防止知识产权的不合理定价造成在二级市场上削弱竞争的情况。例如在 Maxicar 案中，法院指出，将价格固定在过高的水平也是一种滥用行为，因为其效果等同于直接拒绝向独立的维修商销售零配件。[⑤]

2. **拒绝许可**

一般来说，拒绝向初级市场的企业授予知识产权许可不构成对第 102 条的违反，因为在初级市场上，欧洲法院偏向于具有市场支配地位的主体自由行使知识产权，但是当支配企业的排他性行为涉及二级市场或后期市场的时候，欧洲法院会严格得多。法院禁止具有市场支配地位的企业在初级市场上以市场势力为杠杆给二级市场施加影响，要求不得排除市场上现有的竞争者或拒绝新企业进入该市场。[⑥] 在 Magill 案中，法院在分析中表明，如果某企业的产品享有事实上的垄断地位，如电视节目单，这类产品在市场上既没有替

---

① *See* Mechelin v.Commission[1983] ECR 3461.

② *See* EU: the Treaty on European Union and the Treaty on the Functioning of the European Union, 2012/C 326/01, Article 102.

③ *See* Ministere public v.Tournier and Lucazeau v.SACEM[1991] 4 CMLR 248.

④ *See* [*See* 1988]ECR 6039, p.17.

⑤ *See* [1988]ECR 6039, p.16.

⑥ *See* ICI and Commercial Solvents v.Commission[1974] ECR 233.

代品，对二级市场上的产品生产来说也是必不可少的，那么该企业不得利用其在初级市场上的垄断来排除二级市场上的竞争，达到独占二级市场的目的。“由于上诉人拒绝许可他人适用的基本信息是制作每周电视节目指南所必需的原始材料，因此，上诉人的行为排除了每周电视节目指南这个二级市场上的竞争，成为独占二级市场的经营者。”[①]“上诉人以成员国内版权法为依据拒绝提供基本信息，因而阻止了一种新产品的出现，即综合性的每周电视节目指南。这种综合性的电视节目指南不仅有市场需求，而且上诉人自己并没有提供这种产品，因此拒绝交易构成了法律所禁止的滥用行为。”[②]

在 Commission 诉 IMS Health Inc 一案中，欧盟委员会指出 IMS 的“1860 砖块结构”是一种核心设施，该结构已经成为包括药品批发商及制药公司在内的顾客群体所要求的市场标准，并且对于区域销售数据这个二级市场上的竞争企业而言，重新建立一个新的砖块结构数据库也是非常不经济的，因而法院认定 IMS 拒绝 Commission 使用其砖块结构数据库的做法构成了滥用支配地位的行为。[③]该案将 Magill 案中的“新产品”标准进行简化，只要案件事实符合了核心设施与附属产品的构成要件，就无需再要求“后期市场”上竞争者的产品是新产品。在微软案中，针对微软拒绝提供中间信息界面信息的做法，法院认定其故意降低 Windows 操作系统与太阳微系统公司等其他企业生产的工作组服务器之间的兼容性，因为滥用了其 Windows2000 操作系统所具有的近乎垄断性的市场势力。[④]欧盟要求微软公开所有必要的中间界面信息，使其他公司生产的工作组服务器操作系统能够与装有 Windows 操作系统的个人计算机及微软生产的工作组服务器实现完全的兼容。

3. **搭售**

第 102（d）条规定“以交易对方接受其他补充义务作为缔结合同的前提条件，且从其性质或商业用途来看，补充义务与该合同的标的没有任何关联”。[⑤]如果知识产权人不仅拥有法律上的垄断，还取得了市场支配地位，捆

---

① *See* Joined cases C-241/91 P and C-242/91 P RTE, and ITP v.Commission[1995] ECR I-743, p.56.

② *See* Joined cases C-241/91 P and C-242/91 P RTE, and ITP v.Commission[1995] ECR I-743, p.54.

③ *See* Case T-184/OIR (2001).

④ *See* Press release Conclusion of Micro, soft Investigation, 24 March 2004, IP/04/382.

⑤ *See* EU: the Treaty on European Union and the Treaty on the Functioning of the European Union, 2012/C 326/01, Article 102.

绑销售可能带来的风险就是：顾客被迫购买自己本不情愿购买的商品，或者是知识产权所有人将从中取得竞争优势，导致相关二级市场上的竞争对手将被排除出市场。因为如果竞争对手想要与知识产权所有人在同等条件下竞争，他们就必须同时进入两个市场。[①] 根据第 102 条（d）的相关判例法可得，证明捆绑销售行为构成滥用性的搭售行为需要满足 5 个构成要件：（1）独立的“被搭售的商品”；（2）证明存在支配地位；（3）支配地位企业实施了胁迫；（4）对竞争产生消极影响；（5）搭售不具有客观的正当性。[②] 由于欧盟委员会并不反对将市场从窄界定，也不反对将一个产品体系中的组成部分分别视作单个独立的市场，如果证明某产品体系中的一个组成部分的产品取得了市场支配地位，该企业将这个组成部分的产品与其他组成部分的产品捆绑起来在一个附属市场上销售的行为就可能要受到第 102 条（d）的指控。其中“胁迫”的要求可能通过合同来实施，例如在 Hilti 案中，如果消费者使用了其他品牌的射钉 Hilti 公司拒绝提供射钉枪的质量担保。[③] 也可能通过技术捆绑实现，例如在微软案中，微软拒绝将 Windows 操作系统与 Windows Media Player 播放器分开来销售，这导致原始制造商与消费者都不得不使用 Windows Media Player 播放器，在预安装的时候，该播放器就与 Windows 操作系统绑定在一起了。[④] 欧盟并没有“对竞争产生消极的影响”提供明确的标准，在 British Sugar 一案中，欧盟认为该公司独占了食用糖运输这个独立市场的情况，足以证明给竞争带来了消极影响；[⑤] 在 Hilti 案中，由于 Hilti 公司的捆绑销售行为限制了消费者购买射钉的自由，并且对独立的射钉厂商产生了排除市场的威胁，将其认定为滥用市场支配地位。[⑥] 由此，“对竞争产生的消极影响”判断重点在于，是否可能排除搭售商品市场上的竞争。

---

① ［英］史蒂文·D·安德曼：《知识产权与竞争策略》，梁思思、何侃译，电子工业出版社 2012 年版，第 68 页。

② *See* M.Dolmans and T.Graf, Analysis of Tying Under Article 82 EC: The European Commission's Microsoft decision in Perspective'(2004) 27(2) World Competition 225; ［英］史蒂文·D·安德曼：《知识产权与竞争策略》，梁思思、何侃译，电子工业出版社 2012 年版，第 69 页。

③ *See* Eurofix-Bauco/ Hilti Commission Decision[1988] OJ L65/19, [1989] 4 CMLR 677, p.75.

④ *See* Microsoft Commission Decision, p.239.

⑤ *See* Napier Brown v.British Sugar, Commission Decision 88/519/EEC, [1988] OJ L284, 41.

⑥ *See* Hilti Commission Decision[1988] OJ L65/19, [1989] 4 CMLR 677, p.75.

（二）美国

美国19世纪末通过了《谢尔曼法》，在其实施后的20年里，最高法院将所有违反该法案的行为皆视为“本身违法”。自Standard Oil案[①]之后，最高法院开始向更加灵活的审判规则转变，即“合理原则”。现在的美国法院常常适用合理原则，将企业行为的目的及其对竞争产生的效果，以及企业的市场支配地位纳入考虑之中，来判断案件当中的企业行为是否是特定条件下对竞争的合理限制。根据《谢尔曼法》第1条，除了固定价格的卡特尔与划分市场的协议，法院对绝大多的协议都适用合理原则，需要依据事实分析行为的目的、市场势力与竞争效果。对于《谢尔曼法》第2条，涉及垄断与意图垄断的案件，法院基本都适用完整的合理原则进行分析。对于《克莱顿法》下的违法行为，包括价格歧视、合并、搭售及独占交易等，都要求提供实质性的削弱竞争的证据，要对经营者的市场势力及其行为所产生的妨碍竞争的效果进行衡量。在绝大多数有关知识产权实施的反垄断案件中，法院都是用合理原则来分析知识产权人的行为是否超出了法定授权的范围；如果是，则分析该行为是否不合理地限制了竞争，损害了消费者的利益。[②] 1995年，美国司法部与联邦贸易委员会颁布《有关知识产权许可的反托拉斯指南》，并在2017年对其进行修订，该指南对知识产权许可的反垄断规制作出了具体的指导，确定了三个基本原则：（1）出于反垄断分析的目的，知识产权实质上与其他财产权是相似的；（2）不推定知识产权产生反垄断意义上的市场支配地位；（3）知识产权人通过许可协议将互补的生产要素（包括制造和流通设施、劳动力及知识产权的其他因素）组合在一起的做法一般是促进竞争的。[③]

1. 对知识产权许可的反垄断规制与合理原则

虽然知识产权许可被认为能够促进互补生产要素的结合，促进知识产权的有效开发与利用，但《许可指南》也明确了对知识产权许可进行反垄断规制的必要性。尽管知识产权的许可安排一般具有提高福利和改善竞争的效果，

① *See* Standard Oil Co.of New Jersey v.United States, 221 U.S.1 (1911).

②［英］史蒂文·D·安德曼：《知识产权与竞争策略》，梁思思、何侃译，电子工业出版社2012年版。

③ 参见《有关知识产权许可的反垄断指南》，第2条。

但反垄断问题仍有可能产生，[①] 许可协议可能给市场竞争带来横向或纵向的不利影响。如果许可安排可能给目前或潜在的可获取的产品和服务的价格、数量、质量或种类产生负面的影响，就会引起反垄断法上的问题。[②]《许可指南》将许可协议可能影响的市场划分为三类：产品市场（Goods Markets）、技术市场（Technology Markets）、研究与开发市场（Research and Development Markets）。[③] 当许可协议有可能产生反竞争效果时，主管机关通常会确定一个或多个反竞争效果可能产生影响的相关市场，主管机关会特别分析产品市场上的许可协议产生的反竞争效果。[④] 具体而言，当许可协议涉及具有互补关系的产品或服务时，就有可能产生纵向的不利影响，例如导致竞争对手无法获得重要的原材料或增加竞争对手获得该原材料的成本，此时在某一市场的许可限制可能会影响另一个市场的竞争；当许可协议双方具有实际的或潜在的竞争关系时，许可协议就有可能带来横向的不利影响。[⑤]

对知识产权许可的反垄断分析一般适用合理原则[⑥]，合理原则的适用一般要求对行为可能产生的限制竞争效应进行全面的调查，但是，正如美国最高法院所指出的，在评估合理性的时候总有一个浮动的范围，所需要证明的程度和质量也应情况而变化，[⑦] 将根据个案的具体情况、细节和限制竞争的逻辑确定。[⑧] 如果主管机关得出结论认为，一项限制不可能具有反竞争效果，他们将会视其为合理，而无须对市场支配地位或限制的正当理由进行详细的分析。同样地，如果一项限制表面上看来总是（或几乎总是）会趋于减少产量或提高价格，且该限制与效率之间并没有合理的关联，主管机关将可能对该限制提出质疑，而不对特定的产业状况进行详细的分析。[⑨] 如果主管机关认定该限

① 参见《有关知识产权许可的反垄断指南》，第 3 条。

② 同上注。

③ 同上注。

④ 同上注。

⑤ [英] 史蒂文·D·安德曼：《知识产权与竞争策略》，梁思思、何侃译，电子工业出版社 2012 年版，第 188 页。

⑥ 除分割市场之外的，但是近年的案子中，一些尽管涉及分割市场的案件也都被采取合理原则处理。

⑦ *See* FTC v.Actavis, Inc., 133 S.Ct.2223, 2237-38 (2013) (alteration in original) (quoting Cal.Dental Ass'n v.FTC, 526 U.S.756, 780 (1999)；参见《有关知识产权许可的反垄断指南》，第 3 条。

⑧ *See* Cal.Dental, 526 U.S.at 781；参见《有关知识产权许可的反垄断指南》，第 3 条。

⑨ 参见《有关知识产权许可的反垄断指南》，第 3 条。

制具有（或可能具有）反竞争效果，主管机关将考虑为了实现竞争效率，该限制是否是合理且必须的。如果该限制是合理且必须的，主管机关将权衡有利竞争的效率和反竞争的效果，来决定限制措施对每个相关市场可能具有的净效益（net effect）。[①] 与此同时，《许可指南》也对知识产权许可的反垄断规制设置了"安全区"，即满足"安全区"条件的知识产权许可协议将免于反垄断指控，即如果（1）该限制不具有明显的反竞争性，[②] 和（2）在受该限制实质影响的相关市场上，许可人和被许可人的合计市场份额不超过 20%。[③]

2. 对知识产权滥用的反垄断规制

2.1　搭售

"搭售"被定义为"一方出售某产品的协议……其条件是买方还要购买不同的（或搭售的）产品，或者至少同意他不会从其他的供应商购买该搭售的产品"。[④] 在某些案子中，被许可人购买另一项知识产权、产品或服务作为被许可人能够获得一项或几项知识产权许可的条件被判定为违法搭售。尽管搭售安排可能导致反竞争的效果，上述安排也可能带来显著的效率提高和有利竞争的好处。在行使其公诉自由裁量权时，主管机关既要考虑搭售的反竞争效果，也要考虑搭售所带来的效率提高。如果符合下列条件，主管机关可能会对某一些搭售安排提出质疑：（1）出售者在主产品市场中拥有支配力；（2）该安排对搭售产品（即被搭售产品）相关市场的竞争有负面影响；（3）该安排所带来的效率提升不及反竞争效果。[⑤] 此外，一揽子许可，即在单一许可或相关联的一组许可中对多项知识产权的许可，也可能构成搭售的一种形式。[⑥] 如果一揽子许可构成搭售行为，主管机关将按照搭售的同样原则评估其竞争效应。

相比于其他领域的搭售，《许可指南》的规定对知识产权领域的搭售行为较为宽松，直接适用合理原则分析，而不需要论证 Jefferson Parish Hospital

---

① 参见《有关知识产权许可的反垄断指南》，第 4 条。

② 所谓"明显的反竞争性"是指涉及本身违法的，或者该限制表面上看来总是或几乎是趋向于导致产量减少与价格上涨的。

③ 同注①。

④ *See* Eastman Kodak Co.v.Image Technical Services, Inc., 504 U.S.451, 462（1992）.

⑤ 参见《有关知识产权许可的反垄断指南》，第 5 条。

⑥ 同上注。

案中所提出的适用本身违法原则的三个必需条件，即：(1) 被捆绑在一起的是两个独立的产品（或服务）；(2) 卖方有能力强迫买方“接受搭售行为”；(3) 搭售严重限制了市场竞争。① 而且，整体上，美国法院对涉及专利与版权许可的搭售或捆绑交易都采取比较宽松的态度，例如在 Hazeltine Research 案中，法院认定包含上百个专利与专利申请的集体许可协议是合法的。② 在 Broadcast Music 案中，法院认定就版权音乐的表演权采取非独占性的一揽子许可方式是合法的。③ 但并不是所有的知识产权搭售都被认为是合法的，在 International Salt 一案中，法院指出，专利权人将受专利保护的机器与通用商品捆绑起来销售，即将溶解岩盐的机器与盐一起捆绑销售时，法院认为权利人的这种捆绑行为是企图将专利权范围延伸至二级市场，是违法行为。④ 在 MCA Television Ltd 案中，法院认定要求“一揽子许可”电视节目的行为是违法的。⑤ 与 Broadcast Music 案不同，这里的“一揽子许可”是独占性的，而 Broadcast Music 案是非独占性的。但是与其他案件不同，在涉及知识产权产品的搭售时，美国法院会专门考虑搭售行为对知识产权人的创新投资激励作用。例如在 Jerrold Electronics 案中，被告在其专利技术仍处于起步阶段的时候，将其天线电缆系统产品与其提供的技术服务捆绑起来销售，这种做法得到了美国最高法院的认可，即“当专利技术仍然处于开发阶段时，专利技术所有人的声誉及整个产业的发展都如履薄冰”⑥。专利制度所具有的事前激励中显然包括了给予专利权人一种预期，即将来能够掌握专利技术的开发与商业化。⑦ 但是当产业发展到成熟阶段时，就不能再继续这种搭售行为了。⑧

2.2 独家交易

独家交易是指一项许可禁止被许可人许可、出售、分销或使用与许可技

① *See* Jefferson Parish Hosp.Dist.No.2 v.Hyde, 466 U.S.2 (1984).
② *See* Automatic Radio Manufacturing Co.v.Hazeltine Research, 339 U.S.827(1950).
③ *See* Broadcast Music Inc.v.Columbia Broadcasting System Inc., 441 U.S.1 (1979).
④ *See* International Salt Co.v.United States, 332 U.S.392(1947).
⑤ *See* MCA Television Ltd.v.Public Interest Corp., 171 F.3d 1265(11th Cir.1999).
⑥ *See* U.S.v.Jerrold Electronics Corp., 187 F.Supp.545(E.D.Pa.1960).365 U.S.567(1961).
⑦［英］史蒂文·D·安德曼：《知识产权与竞争策略》，梁思思、何侃译，电子工业出版社 2012 年版，第 204 页。
⑧ *See* U.S.v.Jerrold Electronics Corp., 187 F.Supp.545(E.D.Pa.1960).365 U.S.567(1961).

术相竞争的其他技术。独家交易安排要根据合理原则来进行评估。[①] 在决定一项独家交易安排是否可能降低相关市场上的竞争时，主管机关将考虑该安排对下列各方面的影响：（1）促进许可人的技术的利用和开发的程度；（2）反竞争地阻碍相竞争技术的利用和开发程度，或以其他方式限制相竞争技术之间的竞争程度。[②] 独家交易具有反竞争效果的可能性尤其与下列因素有关：相关市场的排斥程度，排他交易安排的期限，以及投入和产出市场的其他特征，如相关市场中的集中程度、进入难易度和供求对价格变化的反应。如果主管机关认定某一特定的独家交易安排可能产生反竞争效果，他们将评价该限制，鼓励被许可人开发和销售许可技术（或者该技术的专门应用）的程度，提高许可人开发或改进技术的积极性的程度，或者该限制以其他方式在相关市场上提高竞争和增加产量的程度。[③]

（三）中国

相比于欧盟与美国，中国的反垄断相关立法起步较晚，2007 年才通过。2022 年修订的《中华人民共和国反垄断法》，其中第五十八条规定，经营者依照有关知识产权的法律、行政法规规定行使知识产权的行为，不适用本法；但是，经营者滥用知识产权，排除、限制竞争的行为，适用本法。[④] 该条款将知识产权纳入了反垄断规范的范围。由于知识产权涉及的竞争问题很复杂，且美国、欧盟等国家与地区的反垄断执法机构都针对知识产权制定了反垄断指南，我国于 2015 年开始启动针对知识产权的反垄断规范指南的起草工作，2018 年 11 月，《有关知识产权许可的反垄断指南》提交国务院反垄断委员会全体会议审议。经委员会主任批准，于 2019 年 1 月 4 日印发。该指南为知识产权领域的反垄断执法问题提供了具体的指导。

1. 知识产权反垄断分析原则与分析思路

国务院反垄断委员会发布的《有关知识产权许可的反垄断指南》“第二条

① *See* Tampa Electric Co.v.Nashville Coal Co., 365 U.S.320 (1961)（依据《谢尔曼法》第 1 条和《克莱顿法》第 3 条的规定评价独家交易的合法性）；Beltone Electronics Corp., 100 F.T.C.68 (1982)（依据《联邦贸易委员会法》第 5 条的规定评价独家交易的合法性）。

② 参见《有关知识产权许可的反垄断指南》，第 5 条。

③ 同上注。

④ 参见《中华人民共和国反垄断法》，第 55 条。

分析原则”规定了知识产权反垄断案件的分析原则，“分析经营者是否滥用知识产权排除、限制竞争，遵循以下基本原则：（一）采用与其他财产性权利相同的规制标准，遵循《反垄断法》相关规定；（二）考虑知识产权的特点；（三）不因经营者拥有知识产权而推定其在相关市场具有市场支配地位；（四）根据个案情况考虑相关行为对效率和创新的积极影响。”① 第三条规定了具体的分析思路，“分析经营者是否滥用知识产权排除、限制竞争，通常遵循以下思路：（一）分析行为的特征和表现形式　经营者滥用知识产权，排除、限制竞争的行为，可能是行使知识产权的行为，也可能是与行使知识产权相关的行为。通常根据经营者行为的特征和表现形式，分析可能构成的垄断行为。（二）界定相关市场　界定相关市场，通常遵循相关市场界定的基本依据和一般方法，同时考虑知识产权的特殊性。（三）分析行为对市场竞争产生的排除、限制影响　分析行为对市场竞争产生的排除、限制影响，通常需要结合市场竞争状况，对具体行为进行分析。（四）分析行为对创新和效率的积极影响　经营者行为对创新和效率可能产生积极影响，包括促进技术的传播利用、提高资源的利用效率等。分析上述积极影响，须考虑其是否满足本指南第六条规定的条件。”②

2. 相关市场界定与市场支配地位认定

根据《关于知识产权领域的反垄断指南》，知识产权既可以直接作为交易的标的，也可以被用于提供商品或者服务（以下统称商品）。通常情况下，须依据《关于相关市场界定的指南》界定相关市场。如果仅界定相关商品市场，则难以全面评估行为的竞争影响，可能需要界定相关技术市场。根据个案情况，还可以考虑行为对创新、研发等因素的影响。相关技术市场是指由需求者认为具有较为紧密替代关系的一组或者一类技术所构成的市场。界定相关技术市场可以考虑以下因素：技术的属性、用途、许可费、兼容程度、所涉知识产权的期限、需求者转向其他具有替代关系技术的可能性及成本等。通常情况下，如果利用不同技术能够提供具有替代关系的商品，则这些技术可能具有替代关系。在考虑一项技术与知识产权所涉技术是否具有替代关系时，不仅要考虑该技术目前的应用领域，还须考虑其潜在的应用领域。界定相关

① 参见《有关知识产权许可的反垄断指南》，第 2 条。
② 同上注，第 3 条。

市场，须界定相关地域市场并考虑知识产权的地域性。当相关交易涉及多个国家和地区时，还须考虑交易条件对相关地域市场界定的影响。[①] 知识产权与市场支配地位的认定，经营者拥有知识产权，并不意味着其必然具有市场支配地位。认定拥有知识产权的经营者在相关市场上是否具有支配地位，应依据《反垄断法》第 18 条、第 19 条规定的认定或者推定经营者具有市场支配地位的因素和情形进行分析，结合知识产权的特点，还可具体考虑以下因素：（一）交易相对人转向具有替代关系的技术或者商品等的可能性及转换成本；（二）下游市场对利用知识产权所提供的商品的依赖程度；（三）交易相对人对经营者的制衡能力。[②]

3. 排除与限制竞争分析

认定涉及知识产权的滥用市场支配地位行为时，通常情况下，首先应界定相关市场，认定经营者在相关市场是否具有市场支配地位，再根据个案情况，具体分析行为是否构成滥用知识产权，排除、限制竞争的行为。[③]

分析排除、限制竞争影响需要考虑以下因素：（一）评估市场的竞争状况。可以考虑以下因素：行业特点与行业发展状况；主要竞争者及其市场份额；市场集中度；市场进入的难易程度；交易相对人的市场地位及对相关知识产权的依赖程度；相关技术更新、发展趋势及研发情况等。计算经营者在相关技术市场的市场份额，可根据个案情况，考虑利用该技术生产的商品在相关市场的份额、该技术的许可费收入占相关技术市场总许可费收入的比重、具有替代关系技术的数量等。（二）对具体行为进行分析。可以考虑以下因素：经营者之间的竞争关系；经营者的市场份额及其对市场的控制力；行为对产量、区域、消费者等方面产生限制的时间、范围和程度；行为设置或者提高市场进入壁垒的可能性；行为对技术创新、传播和发展的阻碍；行为对行业发展的阻碍；行为对潜在竞争的影响等。判断经营者之间的竞争关系，根据个案情况，可以考虑在没有该行为的情况下，经营者是否具有实际或者潜在的竞争关系。[④] 除了考虑排除、限制竞争效应，还要同时考虑该行为可能

---

① 参见《有关知识产权许可的反垄断指南》，第 4 条。
② 同上注，第 14 条。
③ 同上注，第 6 条。
④ 同上注，第 5 条。

带来的竞争积极影响，尤其是该行为对创新和效率的积极影响，[①] 对该行为可能造成的积极影响与消极影响进行权衡，以得出对社会整体福利影响的结果。

3.1 以不公平的高价许可知识产权

具有市场支配地位的经营者，可能滥用其市场支配地位，以不公平的高价许可知识产权，排除、限制竞争。分析其是否构成滥用市场支配地位行为，可以考虑以下因素:（一）许可费的计算方法，及知识产权对相关商品价值的贡献;（二）经营者对知识产权许可作出的承诺;（三）知识产权的许可历史或者可比照的许可费标准;（四）导致不公平高价的许可条件，包括超出知识产权的地域范围或者覆盖的商品范围收取许可费等;（五）在一揽子许可时是否就过期或者无效的知识产权收取许可费。分析经营者是否以不公平的高价许可标准必要专利，还可考虑符合相关标准的商品所承担的整体许可费情况及其对相关产业正常发展的影响。[②] 在华为诉 IDC 案件中，法院认定被告 IDC 公司对华为公司涉案必要专利的专利许可费报价均明显高于对其他公司的专利许可费，且对华为公司收取过高的专利许可费缺乏正当性，这种高价行为将导致华为公司要么放弃相关终端市场的竞争，要么不得不接受不公平的定价条件，使华为公司在相关终端市场竞争中的成本增加、利润减少，直接制约其竞争能力。其行为构成不公平的过高定价。[③]

3.2 拒绝许可知识产权

拒绝许可是经营者行使知识产权的一种表现形式，一般情况下，经营者不承担与竞争对手或者交易相对人进行交易的义务。但是，具有市场支配地位的经营者，没有正当理由拒绝许可知识产权，可能构成滥用市场支配地位行为，排除、限制竞争。具体分析时，可以考虑以下因素:（一）经营者对该知识产权许可作出的承诺;（二）其他经营者进入相关市场是否必须获得该知识产权的许可;（三）拒绝许可相关知识产权对市场竞争和经营者进行创新的影响及程度;（四）被拒绝方是否缺乏支付合理许可费的意愿和能力等;

① 参见《有关知识产权许可的反垄断指南》第 6 条，经营者行为对创新和效率的积极影响须同时满足下列条件:（一）该行为与促进创新、提高效率具有因果关系;（二）相对于其他促进创新、提高效率的行为，在经营者合理商业选择范围内，该行为对市场竞争产生的排除、限制影响更小;（三）该行为不会排除、严重限制市场竞争;（四）该行为不会严重阻碍其他经营者的创新;（五）消费者能够分享促进创新、提高效率所产生的利益。

② 参见《有关知识产权许可的反垄断指南》，第 15 条。

③ 参见（2013）粤高法民三终字第 306 号。

（五）经营者是否曾对被拒绝方提出过合理要约；（六）拒绝许可相关知识产权是否会损害消费者利益或者社会公共利益。[①]

3.3　涉及知识产权的搭售

涉及知识产权的搭售，是指对知识产权的许可、转让，以被许可方接受其他知识产权的许可、转让，或者接受其他商品为条件。知识产权的一揽子许可也可能是搭售的一种形式。具有市场支配地位的经营者，没有正当理由，可能通过上述搭售行为，排除、限制竞争。分析涉及知识产权的搭售是否构成滥用市场支配地位行为，可以考虑以下因素：（一）是否违背交易相对人意愿；（二）是否符合交易惯例或者消费习惯；（三）是否无视相关知识产权或者商品的性质差异及相互关系；（四）是否具有合理性和必要性，如为实现技术兼容、产品安全、产品性能等所采取的必不可少的措施等；（五）是否排除、限制其他经营者的交易机会；（六）是否限制消费者的选择权。[②] 在华为诉 IDC 案件中，法院指出，被告 IDC 公司将标准必要专利与其搭售产品捆绑销售的行为构成滥用市场支配地位。在标准技术条件下，必要专利具有唯一性与不可替代性，而搭售产品一般存在可替代性，捆绑销售行为将导致必要专利权利人在必要专利许可市场的市场力量延伸到搭售产品市场，限制搭售产品市场的市场竞争，构成滥用市场支配地位。[③]

二、针对内容市场的反垄断规制的实践

根据美国过去在内容产业的相关反垄断实践，本部分主要针对电视广播市场、音乐产业市场、图书出版市场与电子游戏市场的美欧反垄断实践，对网络内容产业的版权滥用反垄断规制提供参考。

（一）相关市场界定

对于版权滥用行为违反反垄断法的前提是从事该行为的市场主体在该领域的相关市场拥有市场支配地位，而市场支配地位的大小取决于界定的相关

① 参见《有关知识产权许可的反垄断指南》，第 16 条。
② 同上注，第 17 条。
③ 参见（2013）粤高法民三终字第 306 号。

市场范围。相关市场界定的一般目的是为了识别和确定企业所面临的竞争限制。无论此后将适用哪条竞争规则进行规制，对于限制竞争行为而言，相关市场的界定有利于帮助确认被诉主体是否有足够的市场力量使得其限制竞争行为最终对市场竞争和消费者产生损害。针对网络平台的相关市场界定，国内外存在许多争议，尤其对于网络内容平台而言，如何界定相关市场并认定其具有市场支配地位是内容平台版权许可滥用行为分析的关键。传统上，内容生产、内容分发、内容传播、内容销售、内容衍生品市场泾渭分明，但在网络内容平台市场中，它们都变成一个整合的内容平台市场，进行跨上下游市场竞争。

一方面，网络内容平台是双边市场结构，一边市场连接着广告商，另一边市场连接消费者，双边市场的需求具有联动性，此时运用于传统单边市场的相关市场界定方法并不适用于网络内容平台；另一方面，网络内容平台涉及的市场参与主体多，内容种类和形式多，这无疑增加了界定相关市场性质的复杂性。以网络视频平台为例，其在业务上通过签约艺人，制作自制剧整合了上游内容制作市场和内容发行市场，同时也通过会员付费、点播付费等整合了传统影片时代的下游零售市场。其产业链长，涉及的利益主体多。同时，平台在内容上涵盖了广播、电影电视剧、音乐、图书、游戏等全方位的内容，这些都无疑给相关市场的界定带来了困难，不同的界定方法会得出不同的市场支配地位结论，直接影响后续反垄断分析的结果。但是值得一提的是，相关市场界定会随着市场与环境的变化而变化，尤其在网络内容平台动态竞争的背景下，相关市场界定更是需要个案认定，美欧在过去的司法实践只能起到参考作用，网络内容产业中的相关市场如何认定还需要具体分析。

1. 图书产业市场

纵向上，图书出版市场被进一步划分为图书版权市场、图书传播与营销市场、图书的批发与零售市场。横向上，根据不同图书的内容与类型划分出不同的次级市场，如图书、报刊和其他出版物市场。当前，图书市场并未成为欧盟竞争法规制的重点，只有少数几个案例涉及图书市场的垄断问题。

1.1 图书出版市场

在 Lagardère/Natexis/VUP[①] 案中，欧盟委员会对图书市场产业链与市场结构进行剖析，识别在图书出版的不同阶段的不同市场参与者，包括图书出版者、图书传播者、图书营销者、图书批发者和销售者。首先，在图书领域的上游，界定了图书版权市场，包含不同的权利类型，推定可能存在对于图像地图复制权的次级市场，该市场与图书出版市场相区分。在出版市场，作者作为图书出版权的供应商，对作为消费者的出版者进行选择，例如依据所支付的费用、传播的方式和能力的不同进行选择。委员会还根据图书翻译语言的不同区分了不同语言翻译原著的市场，将用法语进行图书出版的市场独立于用其他外国语言进行出版的市场，另外，欧盟委员会还区分了口袋书出版市场（Pocket–Format Publishing market）、图书俱乐部出版市场等。

1.2 图书出版者的分销和销售服务市场

销售市场主要是指出版商将书籍出售给不同的图书销售商，图书的分销与销售一般是结合在一起的。尽管如此，欧盟委员会还是将这两个活动区分为不同市场，因为这两种服务可以单独提供，拥有不同的价格，而且一些服务提供者专长于营销或者分销。[②] 除此之外，欧盟委员会还针对销售方式与对象的不同区分了不同的市场，例如大型书店与小型的奥特莱斯（outlets）和超市，这些不同的销售者具有不同的服务方式和运营成本，因此欧盟委员会最终区分了书店市场，以及向大卖场和批发者销售的市场。[③]

1.3 图书批发商与销售者、销售者与消费者之间的图书销售市场

在图书销售市场，出版商不会直接将图书销售给消费者，而是将图书销售给分销商，分销商或销售者再出售给最终的消费者，由此在最终的销售者与消费者之间可单独界定一个图书销售市场。除此之外，在批发商与销售者之间还存在一个销售市场。所以根据交易对象的不同，区分不同的图书销售市场。委员会认为，中间环节的批发商与小的销售商之间构成一个独立的相关市场，[④] 但是并没有根据销售者的类型再进一步区分。最后图书销售者将

① *See* Commission Decision, Case COMP/M.2978, 7 January 2004, *Lagardère/Natexis/VUP,* p.65.
② 同上注，第 133 页。
③ 同上注，第 144 页。
④ 同上注，第 288 页。

书本销售给最终消费者构成独立的相关市场，指出通过销售代理销售图书与整体的图书零售不同，但是并没有再根据销售者的类型进一步区分市场。[①]

1.4 不同类型的图书销售市场

欧盟委员会进一步根据图书的类型划分图书销售市场，如文学图书、幼儿图书、专业书、教科书等，不同的图书类别出版商会制定不同的折扣，甚至以不同的方式进行出版印刷。在需求端，并不是所有的销售商都会出售所有类型的图书。由此欧盟委员会单独界定了教育类图书的销售市场，并且细分了参考著作，如区分纸质版和多媒体版的参考著作，百科全书和字典。百科全书又细分为专门的百科全书与一般的百科全书。[②] 甚至还根据图书的样式不同划分不同的市场，欧盟委员会区分了一般文学图书的批发市场，而根据不同的书的样式，尺寸不同，涉及的出版权利不同，价格不同，消费者的需求不同。

1.5 广告商市场与读者市场

在 GIMD/Socpresse[③] 案件中，欧盟委员会考虑了图书销售产业链中不同的销售关系，认为存在一个书面媒体出版物市场（written press market），包括了广告商市场与读者市场。并且进一步将读者市场细分为报纸市场与杂志市场。纵向上根据交易主体不同，横向上根据图书类型不同等进一步区分。

2. 音乐产业市场

在音乐产业，欧盟委员会遵循音乐部门的有关经济活动界定了几个相关市场，例如音乐录制与传播市场、音乐出版与零售市场。在地域市场上，并未基于网络传播的跨国际性界定跨国地域的市场还是国内市场。另外，欧委员第一次单独界定了唱片公司许可网络音乐平台的音乐版权许可市场，但并没有根据许可的权利类型进一步划分为网络传播、网络零售、网络下载等市场。

2.1 音乐录制与传播市场

在 Seagram/Polygram[④] 和 Bertelsmann/Zomba[⑤] 案中，欧盟委员会开始界定

① *See* Commission Decision, Case COMP/M.2978, 7 January 2004, *Lagardère/Natexis/VUP,* p.291.

② 同上注，第 257 页。

③ *See* Commission Decision, Case COMP/M.3420, 16 June 2004, *GIMD/Socpresse*, p.10.

④ *See* Commission Decision, Case IV/M.1219, 21 September 1998, *Seagram/Polygram*, IV A.1.a.

⑤ *See* Case COMP/M.2883, 2 September 2002, *Bertelsmann/Zomba.*

音乐录制与传播市场，虽然区分了经典音乐与流行音乐，但并没有就此界定单独的相关市场。在 Sony/BMG 合并一案中，欧盟委员会指出是否进一步根据音乐的类型划分相关市场取决于是否存在一个明显的该类型音乐的汇编市场。① 而且从实践中看，虽然每种类型的音乐泾渭分明，消费者也对不同风格音乐与不同表演艺术家作品有不同的偏好，但从消费者的需求呈现出多样化的特点来看，许多产品公司同时签约不同的艺人并销售不同类型风格音乐的唱片，支持更宽泛的市场界定。

2.2　音乐出版市场

在音乐录制与传播市场的上游，欧盟委员会界定了音乐出版市场，② 主要是针对音乐出版商获取音乐作品版权与之后将音乐作品进行商业之用，但是并没有根据不同类型的版权界定不同的相关市场，在 Sony/BGM 一案中，委员会确实提及了根据不同类型的权利界定相关市场，因为根据需求替代性，不同类型的权利迎合不同的消费需求。在供给替代性层面，不同的权利类型会有不同的许可机制与定价策略。是否根据不同的权利类型划分不同的相关市场仍然是开放的问题。

2.3　网络音乐传播零售市场

网络音乐传播零售市场，是一个相对较新的市场划分类型，在 Vivendi/Canal+/Seagram③ 以及 AOL/Time Warner 一案 ④ 中，欧盟委员会界定了独立的网络音乐传播零售市场，网络音乐传播被认为是区别于传统 CD 唱片零售的拥有完全不同传播方式的市场。虽然网络音乐的下载和流媒体播放（streaming）有些不同，但并未被界定为两个独立的相关市场。在地域上，欧盟委员会还是将网络音乐零售市场界定为一个国家范围内，并未因为数字技术带来的全球传播的可能性界定全球性的地域市场，基于音乐许可的地域性，一般音乐版权授权都是依据地域，即便同时拥有多个国家领域内的音乐版权

---

① *See* Commission Decision, Case COMP/M.3333, 19 July 2004, *Sony/BMG*, p.12.

② *See* Commission Decision, Case IV/M.1219, 21 September 1998, Seagram/Polygram, IV A.1.b; Commission Decision, Case COMP/M.2883, 2 September 2002, Bertelsmann/Zomba, p.12; Commission's press release IP/00/617 of 14 June 2000 relating to the opening of full investigation into the proposed Time Warner/EMI merger.

③ *See* Commission Decision, Case IV/M.2050, 13 October 2000, *Vivendi/Canal+/Seagram*, p.29.

④ *See* Commission Decision, 2001/718/EC, *AOL/Time Warner* (Case COMP/M.1845), [2001] OJ L 268/28, p.26.

授权，也通常是通过不同的网站或者流媒体在不同的国家传播音乐。

2.4　网络音乐许可批发市场

面对网络音乐市场这几年的发展，在Sony/BGM一案中，欧盟委员会指出存在一个新兴的网络音乐许可的批发市场，这个市场存在于传统的唱片公司与网络音乐服务商之间。网络音乐服务提供商需要从传统的音乐唱片公司获得音乐的版权许可。

3. 电视广播市场

在20世纪末21世纪初，随着电视广播与多媒体市场的发展，在欧洲出现了大量针对电视广播市场的反垄断实践，获得优质内容对广播电视市场竞争的重要性得到强调。欧盟委员会在其决定中指出，优质的内容是视听内容相关经营者的“必要投入”，[①]没有内容意味着不能进入该相关市场。[②]电视广播市场之所以一度成为欧洲内容产业反垄断的重点，原因在于其涉及的主体多，包括电视广播信号控制者、电视广播频道运营者、电视广播内容控制者、电视广播服务提供者、消费者等；涉及的市场大，在20世纪末，几乎每家每户都有电视广播，收益丰厚，故其中市场主体横向兼并与纵向限制的行为容易引起反垄断的指控。

在相关市场界定上，欧洲司法实践主要区分了电视广播零售市场与电视广播批发市场。其中，电视广播零售市场由电视广播服务（或设施提供者）与终端消费者组成，电视广播批发市场由电视广播信号控制者、电视广播频道运营者、电视广播内容控制者与电视广播服务提供者组成。在电视广播零售市场与电视广播批发市场划分基础之上，欧盟与欧洲国家还基于供给替代性与需求替代性进一步划分出众多细分的相关市场，具体如下：

3.1　电视广播零售市场

3.1.1　付费电视与非付费电视市场

欧盟委员会在多个案件中将付费电视（pay–TV）与免费电视（free–TV）

① *See* Commission Decision of 13 October 2000, Vivendi/Canal+/Seagram, Case No IV/M.2050, OJ C 311 of 31 October 2000 p.3 at § 19.

② *See* Ungerer Herbert, Introduction of competition in the communications market-The European Experience, Competition DG, Media and music publishing, COMP/C/2/HU/rdu, Rio, 2oth September 2001, p.16.

区分开，界定为独立的相关市场[①]。两者的费用来源不同，在免费电视服务市场，存在电视频道服务提供者与广告服务商之间的交易，而在付费电视服务市场，电视频道服务提供者与订阅者之间存在交易关系，由此，两者所面临的竞争环境与条件不同。在 NewsCorp/Telepiu 一案中，欧盟委员会指出，付费电视与免费电视处于不同的市场，在供给端，两者有不同的融资手段与不同的收入模式，在需求端提供不同的内容，采取不同的商业策略。[②] 但欧盟法院也强调，付费电视市场与免费电视市场之间的区别会随着市场的交融合并而逐步模糊或消失，不排除在今后会将二者界定为一个统一的相关市场，[③] 二者都是在批发市场竞争优质内容，在零售市场竞争消费者的注意力。[④] 媒介融合的趋势会增加多样化传输信息与提供多样化服务的可能性，付费电视与免费电视很可能不再区分独立市场。

3.1.2　独立的数字领域服务市场

针对数字化交互媒体的发展，欧盟在司法实践中界定了独立的数字领域电视服务市场。例如在 BiB 案中，欧盟委员会界定了数字交互广播电视服务市场[⑤]，与传统的点对多的传播方式不同，数字交互广播电视服务是根据消费者的需求和偏好进行传播的。在 BSkyB/Kirch 决定中，欧盟委员会指出，在电视设备上享受数字交互广播服务与在个人电脑上享受数字交互广播电视服务是不同的，源于较少的家庭拥有个人电脑，且在电视设备上的数字交互服务可与传统的电视频道整合。[⑥] 在 Telia/Telenor/Schibsted 案中，欧盟委员会指出，需要区分提供通过网络入口传播的付费内容与基于网络广告支持的付费内容，理由在于，这些服务由不同的市场主体提供且需要不同的投入。[⑦] 在 Bertelsmann/Kirch/Premiere 案中，欧盟委员会认为存在独立的中介数字平台市场（Intermediary Platform market）。[⑧]

---

① 例如：Case IV/M.993 - Bertelsmann/Kirch/Premiere; Case IV/36.53 9 - British Interactive Broadcasting/Open; Case IV/M.0057 -TPS.

② *See* European Commission, NewscorpiTelepiù, pp.19-25.

③ *See* case comp/M.2876 - Newscorp/Telepiu.

④ *See* European Commission, Newscorp/Telepiir, p.26.

⑤ *See* European Cornmission, BiB, p.23.

⑥ *See* Case lV/M.0037 - BSkyB/Kiroh Pay TV.

⑦ *See* Case IV/JV.1 - Telia/Telenor/Schibsted.

⑧ *See* Case IV/M.490 -Nordió Satellite Distribution.

3.2 电视广播批发市场

3.2.1 广播电视内容相关权利许可市场

在广播电视内容相关权利许可市场中，供给方是上游的内容生产者/控制者，需求方是内容传播者，即广播电视服务提供者。在对批发市场进行相关市场界定时，零售端的消费者需求也被用作评估参考，因为从欧盟委员会看来，电视广播服务提供者对某特定频道或内容的需求取决于电视广播服务消费者的需求与偏好。①

欧盟委员会根据具体内容的不同划分出了多个独立市场，包括区分了电视领域的电影等虚构作品市场与体育节目市场，理由在于体育赛事节目相比于电影等虚构类作品，体育赛事包含了热门的节目和重大国际体育赛事，可以达到很高的收视率和广告费率，而且其吸引力的大小取决于参赛的队伍的吸引力。②体育赛事节目市场又进一步细分为足球体育赛事市场与其他运动赛事市场。欧盟委员会认为，足球赛事应当单独为一个市场，因为它是最热门的体育赛事活动。③足球赛事市场又划分为主要国际足球赛事市场和一般足球赛事市场。前者定期举办且有国家队参与，后者并不是定期举办，甚至还将欧洲冠军联赛单独界定为一个相关市场。④在英国，对于一揽子打包出售不同的包含优质体育赛事内容的频道包行为，例如FIFA世界杯，或者UEFA欧冠联赛节目的内容，被认为单独构成一个优质体育赛事零售市场。⑤除此之外，欧盟委员会还将电影类虚构作品市场继续划分为电影作品市场和电视节目市场，因为电视节目的版权许可费通常都要低于电影。⑥电视节目市场又细分为由广播电视台内部制作并垄断使用的节目和广播电视台委托他人制作的节

---

① *See* Commission Decision, 1999/2935, *British Interactive Broadcasting/Open* (Case IV/36.539), [1999] OJ L 312/1, p.28.

② *See* COM, Case No.IV/M.779[1996] Bertelsmann/CLT[18]; Case No.IV/M.1574[1999] Kirch/Mediaset[15]; Case No.COMP/M.1958[2000] Bertelsmann/GBL/Pearson TV[12]; Case No.COMP/M.5932[2010] News Corp/BSkyB[59].

③ *See* Case No.COMP/M.2876[2003]News Corp/Telepiu[66]; Case No.COMP/C.2 - 37.398[2003]UEFA Champions League[77]; Case No.COMP/C - 2/37.214[2005]Bundeliga[17].

④ *See* COM, Case No.COMP/M.4519[2007]Lagardere/Sportfive[10].

⑤ *See* OFT 2002 and OFT 1996.

⑥ *See* COM, Case No.COMP/M.3595[2005]Sony/MGM[20].

目。①

欧盟委员会还将优质电影的权利许可市场独立出来，②区分主要由好莱坞制片厂制作的电影（包括迪士尼、21世纪、福克斯、华纳等）与其他电影制片厂制作的电影。③上述系列划分的标准相对比较粗疏，主要是从需求替代性的角度出发，大部分消费者并不将体育赛事节目与优质电影视为可相互替代物，想看恐怖电影的消费者也许并不愿意看迪士尼的电影。由此，尽管顶尖的恐怖电影制造商并不在所有优质电影市场具有市场支配地位，但是其可以在恐怖电影市场拥有市场支配地位。④且从电视服务提供者甚至广告商的角度，一般的内容与热门的内容价值不同。

3.2.2 热播电影、体育内容付费电视频道的批发市场

欧盟委员会将付费电视中热播电影与优质体育赛事的频道划分为独立的相关市场。欧盟委员会将电视频道批发供应市场分为了免费频道市场、付费频道市场，以及基础频道和特殊频道市场。⑤除此之外，欧盟还区分了电视的专题频道市场、通用频道市场，例如动画、纪录片和故事片频道，电影和体育频道市场等。⑥欧盟委员会指出，专题频道与通用频道都通过一揽子打包的方式提供给消费者，而电影和体育类型的频道是基于单独标价提供给消费者的。拥有最近上映电影和直播体育赛事节目的频道与基础频道有很大的不同，一方面，电影和体育频道拥有更高的收视率，订阅费用更贵。同样，对于电视广播服务提供者而言，获得电影和体育频道的批发价格要远远高于其他类型的频道，所以要单独区分电影与体育内容付费电视频道的批发市场。⑦

3.2.3 通过新媒体移动设备与互联网传播足球赛事的独立市场

在UEFA Champions League案件中，欧盟委员会指出存在一个正在兴起

---

① *See* COM, Case No.IV/M.779[1996]Bertelsmann/CLT[17];Case No.IV/M.1574[1999] Kirch/Mediaset[14].

② *See* Case IV/M.2050-Vivendi/Canal+/Seagram; Case Newscorp/Telepiu.

③ *See* European Commission, NcwscorpiTelepiù, p.57.

④ *See* Controlling access to content, p.128.

⑤ 例如专门付费专门播放体育赛事节目的频道。

⑥ *See* European Commission BiB, pp.28-29.

⑦ *See* Commission Decision, Case COMP/M.2876, 2 April 2003, Newscorp/Telepiù, p.74; Commission Decision, Case COMP/JV.30, 3 February 2000, BVI Television (Europe) Inc/SPE Euromovies Investments Inc/Europe Movieco Partners, p.15; Commission Decision, Case IV/M.1327, 3 December 1998, NC/Canal+/CDPQ/Bank America, p.15; R.Capito, in: EMR (supra note 8), p.1, p.118.

的通过移动设备（例如手机或互联网）传播体育赛事的独立市场，包括获取权利的电视广播批发市场与提供服务的零售市场。① 在该决定作出之时，这些新媒体技术还处于萌芽阶段，在一年之后的 Deutsche Fußball Liga 案中，欧盟委员会肯定了该市场的定义。②

（二）市场支配地位认定

知识产权确实可以为权利人获得市场竞争的优势地位，但是拥有知识产权并不等同于具有市场支配地位，换句话说，知识产权并不必然能为权利人带来反垄断法意义上的市场支配地位。在版权领域，每个作者都对其创作的内容享有版权，能够排除竞争者未经许可对其原创内容的复制，但是这并不代表其创作的内容都可以获得市场成功。尤其在文化消费中，消费者对版权内容具有很强的消费偏好，无论多热门的电影，总会有许多消费者不喜欢，无论多冷门的小说，总会吸引一些读者。

因此，基于文化消费市场中版权作品的可替代性，版权人很难依据单个作品获得市场支配地位，也很难基于单个作品版权获得限制他人进入市场的能力。正如美国第一巡回上诉法院法官在 Data General Corp 诉 Crumman 一案中指出，当主张的市场支配地位与版权相关的时候，往往很难被认定违反反垄断法。③ 但是，当获得某作品的版权许可是被许可人进入相关市场的条件时，或当大量作品的版权在一个权利主体上聚合时，版权交易对市场竞争产生的影响就不可同日而语了。此时，版权对市场竞争的损害并不是由于行使版权本身造成的，而是版权人通过行使版权控制市场的行为。④

具体而言，网络内容平台基于版权的市场支配地位可能源于以下几个方面。

---

① *See* Commission Decision, 2003/778/EC, *Joint selling of the commercial rights of the UEFA Champions League* (COMP/C.2-37.398), [2003] OJ L201/25, p.82.

② *See* Commission Decision, Case COMP/C-2.37214, 19 January 2005, Joint selling of the media rights to the German Bundesliga, p.18.Unlike in UEFA Champions League, the Commission now also included services via second generation handsets (2G) in the market for offering football events via mobile handsets.

③ *See* Data Gneral Corp.v.Grumman Sys.Support Corp., 36 F.3d 1147, 1170(1st Cir).1994.

④ *See* Herbert Hovenkamp, Mark D.Janis, Mark A.Lemley: IP and Antitrust, second edition, Wolters Kluwer, pp.3-62.

1. 市场支配地位来源于版权聚合所带来的不可替代性

在版权市场中，利用版权聚合带来市场支配地位的案例屡见不鲜，例如传统的出版商、唱片公司、集体管理组织，以及现代的网络音乐聚合平台等，都有过反垄断的指控。对于出版商而言，尤其是对于替代程度低的优质科学学术类文献出版商而言，当某个期刊公司聚集了所有该领域的优质内容，其在该领域的期刊市场就可能具有市场支配地位。在印度的 Springer 案中，Springer 于 2002 年进入印度市场，并说服 STM(科学、技术、医药) 部门的 33 家印度领先研究机构使用 Spring 作为其期刊的出版商和独家发行商。为了留在市场中，另一个印度出版商需要接受 Springer 提出的不合理交易条款，由此该出版商针对 Springer 提出了反垄断诉讼。[①]

除了出版商，唱片公司与集体管理组织也常常成为反垄断指控的对象。1908 年 5 月 4 日，美国国会提出的设立法定许可条款的主要原因是担心唱片公司和钢琴制造商通过收购音乐版权垄断该行业。[②]2018 年 5 月，云南省昆明市中级人民法院就云南大明星欢乐园娱乐有限公司诉中国音像著作权集体管理协会滥用市场支配地位一案[③]作出一审判决，该案中法院并未否认中国音像著作权集体管理协会因为聚合音乐版权具有市场支配地位，而是以其收费合理，发放一揽子许可是为了降低成本，提高交易效率，并未获取垄断利润等理由认为中国音像著作权集体管理协会不构成滥用市场支配地位。

在网络环境中，网络内容平台比传统广播、电视、报纸等媒介的内容聚合程度要高得多。以音乐市场为例，传统唱片市场上三大巨头索尼、环球、华纳公司平分主要音乐版权，目前，QQ 音乐平台一家就聚合了这三大唱片巨头所拥有的所有音乐版权。除此之外，以爱奇艺、腾讯视频、优酷土豆为首的互联网视频内容平台拥有市场上几乎所有视听作品的版权，可以说，一个网络视频内容平台所拥有的版权资源是传统电视台的好几倍。加上网络外部性的存在，网络内容平台具有强大的市场支配地位，其采取版权独家交易、拒绝许可等行为具有更强的限制竞争能力。

---

① *See* Prints India v.Springer India, Case No.10/2010, Order of the Competition Commission of India of 3 July 2012, http://www.cci.gov.in/May2011/OrderOfCommission/CaseNo16of2010MainOrder.pdf.

② *See* H.R.Rep.No.60-2222 at 8 (1909), and S.Rep.No.60-1108 at 8 (1909).

③ 参见（2017）云 01 民初 1782 号。

2. **市场支配地位来源于版权对进入市场与市场竞争的关键性作用**

相比于专利，版权领域的相关案例较少，只有在欧洲发生过两起与版权相关的案例。第一起是1995年的Magill案①，该案涉及电视节目预告信息的许可，在爱尔兰和北爱尔兰地区的三家电视公司RTE、BBC和ITP拒绝将其节目预告表信息许可给位于都柏林的Magill电视指南公司，供其刊登在新出的综合性电视周刊上。爱尔兰高等法院认为，电视公司的节目单对于Magill这种希望发行一本包含所有电视频道的节目信息的电视指南的公司来说是必不可少的原材料。依据爱尔兰《版权法》，电视公司有权获得对其节目预告表的版权保护，该拒绝是滥用市场支配地位的行为，因为其阻止了一种新产品进入市场，该新产品（即综合性电视指南周刊）有着巨大的消费者需求。电视公司的行为属于利用支配地位阻止新产品进入市场，从而为自己保留指南周刊派生市场的行为。

在德国的IMS Health案②中，IMS Health是全球领先的为医药健康产业提供专业信息和战略咨询的公司，其拥有一项名为"1860板块结构"（1860 brick-structure）的信息采集工具，该工具已经在德国的制药业市场上占据了统治地位，并成为制药公司赖以获取相关数据的重要途径。当竞争者想进入数据服务市场时，不可避免需要使用"1860板块结构"，而IMS以对该信息采集工具的版权为由拒绝许可给竞争公司。法院在判决中指出，该工具是进入相关市场所必需的，IMS公司拒绝许可的行为违法。在上述案件中，法院将版权类比为传统意义上的关键设施，被许可人未获得权利许可无法进入相关市场与权利主体进行竞争，获得该作品版权对于市场竞争的必要性使其版权人拥有限制他人进入市场的能力。

在网络内容平台市场中，网络内容平台主要以内容吸引用户注意力的方式获取广告费收益，此时主要吸引注意力的热门电影、电视剧、游戏等，可能具有不可替代性，尤其对于下游衍生市场而言，使用这些热门内容往往是进行市场竞争的重要条件。假设在游戏市场占据95%市场份额的某款游戏是网络游戏直播的主要内容，此时对于网络游戏直播平台而言，获得该游戏的版权许可是进入游戏直播市场的关键，拥有该游戏版权的内容平台可基于此

① *See* Case Magill: 6th April (1995) case C-24\91 P and C- 242\91P.

② *See* IMS Health GmbH & Co OHG v, NDC Health GmbH & Co KG (C 418/01) [2004]ECR I-5039 (ECJ).

获得市场支配地位。然而，大部分作品都具有很强的市场替代性，只有当该作品版权对下游市场而言具有不可替代地位的时候，版权人才可能基于单个作品版权取得市场支配地位。

3. 市场支配地位来源于权利人对作品传播或发行渠道的控制

传统上，相关案例主要发生在电影市场，在奥地利的一起案件中，电影院的经营者起诉了奥地利的一家电影发行商，该电影发行商在该国经营着相当数量的多功能影院。电影院经营者诉称，该电影发行商为了维持自己在院线市场的竞争优势，拒绝向竞争对手的其他院线发放许多流行电影的许可，或推迟订单确认，迫使电影院更改节目，拖延广告材料供应，拒绝提供电影预览版本等，滥用市场支配地位，违反了反垄断法，奥地利最高法院在裁决中支持了电影院经营者的诉求。

法院在判决中指出，电影院市场依赖于流行的电影节目放映，电影院所放映电影的规模大小都取决于电影发行商对电影院的影片供应，此时基于需求替代的分析，流行电影的发行商具有很强的市场支配地位。[①] 值得一提的是，在之后的一起案件中，奥地利最高法院也指出，电影的相关市场界定并不必然是某一类型的所有电影的市场份额，不同电影需求替代性的强弱不同与电影经营者不得不依赖于某些流行大片电影盈利的具体情况，使得电影院线对于流行大片具有很强的依赖性。根据需求替代性的分析，流行性的大片可以定义为独立的相关市场，此时拥有该电影版权的发行商拥有 100% 的市场份额，具有强大的市场支配地位。[②]

在网络内容平台市场中，网络内容平台往往都从事作品发行、传播业务。当某平台控制着主要的作品发行或传播渠道时，其可基于对渠道的控制获得市场支配地位。在网络游戏平台市场中，当某游戏平台控制着主要的 PC 端游戏发行时，其他游戏制作者需要依靠该发行渠道进行游戏发行，此时该平台可采取拒绝许可等方式限制竞争者游戏作品的发行。当主要消费者都在同一

① *See* Irish Competition Authority, Decision No.E/09/001 of 14 August 2009, Case COM/06/06, Alleged anticompetitive practices in the provision of pay-TV infrastructure and services to apartment developments, http://www.tca.ie/images/uploaded/documents/e_09_001_pay-tv_exclusivity_decision_note.pdf.

② *See* Austrian Supreme Court (ObersterGerichtshof), 4 April 2005, Case 16 Ok 20/04; Max Planck Institute for Intellectual Property and Competition Law, Copyright, Competition and Development, December 2013, p.103.

视频网站观看电影时，该视频平台控制着电影的主要在线传播渠道，其他电影作品权利人需要依靠该传播渠道进行作品传播，此时该平台就可依据对内容传播渠道的控制获得市场支配地位。

总的来说，网络内容平台基于版权获得的市场支配地位往往体现在对市场竞争者的市场进入阻碍与竞争限制方面，该市场支配地位的体现很难用价格进行测算。传统的勒纳指数在界定网络内容平台市场支配地位时并不适用。此时市场支配地位的认定可结合市场中的替代性、潜在竞争者进入的可能性，以及在特定市场结构中，下游市场对市场主体的依赖程度等综合衡量。市场中的替代性越弱，潜在竞争者进入可能性越低；下游市场对其依赖性越高，市场支配地位越高；反之，市场支配地位越低。

（三）竞争效应分析

1. 杠杆效应的适用：是否意图控制两个市场?

杠杆原理通常被解释为企业利用其在一个市场上的垄断力量来获得在另一个市场上的垄断力量 。在这种方式下，企业将同时控制两个市场，因此，具有杠杆效应的很多行为都被认为是违反了反垄断法。

理论上来说，具有杠杆效应的行为包括搭售、捆绑、独家交易等方式。斯坦福大学知识产权法教授 Lemley 指出，搭售的安排限制了被许可人的自由，同时又可能排斥被搭售商品市场上的竞争，使许可人的市场支配地位延伸至其他市场，导致知识产权市场之外的其他市场竞争受损。 在实践中，法院则侧重于分析市场主体对垄断力量的利用方式，分析是否会将原来自由竞争的市场变成垄断，或者利用垄断力量控制下游市场产品的价格与产量。在这里，杠杆效应重点关注的是第二个市场结构的改变，垄断者是否将第二个市场由原本的竞争市场变成了垄断市场。这种结构的改变并不是因为垄断者提供更好的产品或较低的价格，而是因为垄断者在另一个市场具有支配力量，这种市场结构的改变影响了消费者的选择。

在进行竞争效应分析时，反垄断审查机构基于杠杆原理，需要同时考虑该行为产生的反竞争影响，以及可能实现的效率。以捆绑行为为例，反垄断审查机构需考虑卖方在捆绑产品中是否具有市场支配地位，捆绑的安排是否会对捆绑产品或被捆绑产品的相关市场竞争产生不利影响，这种安排是否是基于效率的考虑，所获得的效率是否超过了其反竞争效应等问题。

例如，2012 年法国竞争管理机构针对新闻报纸市场做出了一项裁决，该案涉及 Pressteis 新闻发行公司是否意图同时控制新闻分发市场与新闻报纸批发市场。Pressteis 新闻发行公司在法国新闻报纸分发市场占据主要的市场份额，其在与新闻报纸批发商的合同中制定了防止批发商与出版商建立直接联系的条款，从而阻碍其他竞争的报纸分发商与之竞争。最终，Pressteis 新闻发行公司终止了这项行为。

又如在针对电视节目发行者利用捆绑“播放设备解码器”销售的方式意图控制播放设备市场的竞争案例。在印度，一家电视节目发行公司意图通过迫使客户购买特定不兼容机顶盒的方式限制机顶盒市场的竞争，印度反垄断委员会经审理认为，该公司滥用了其在电视节目发行市场的地位，将电视节目服务与“机顶盒”捆绑销售，排除市场中其他的“机顶盒”的生产者，而且迫使顾客接受一些功能，例如节目指南、视频点播等。最后，法院裁决不准将提供电视节目服务与机顶盒的销售捆绑，并且需向消费者提供最简便的机顶盒作为选项，使其不必要接受其他附加功能。

在考虑网络内容平台是否利用在版权市场的不可替代性，或在发行与传播渠道的控制上基于杠杆原理影响其他市场竞争时，需要考虑网络内容平台的搭售、捆绑、排他性交易和掠夺性定价等行为是否不当地将其市场支配地位传导到其他市场，限制了市场的竞争。

以华多公司诉网易公司滥用市场支配地位一案为例，首先应当考虑网易公司是否在相关市场具有市场支配地位，分析获得《梦幻西游 2》游戏的版权许可是否对网络游戏直播平台市场而言是不可替代的；其次，分析网易公司将《梦幻西游 2》游戏与其自身的 CC 网络游戏直播平台捆绑的行为是否对网络游戏直播市场造成限制竞争的影响，是否限制了网络游戏直播市场中竞争者的数量，或限制了竞争者的竞争能力，从而使消费者只能选择网易 CC 游戏直播平台观看游戏直播；最后，应当分析是否对第二个市场的垄断会造成比第一个市场垄断更多的利益，造成的经济损失会比市场上只有一个垄断市场的时候来得多。假设网易公司垄断网络游戏直播市场时所获得的效率收益超过不必要的经济损失，垄断者通过市场支配地位传导造成更大的经济损失时，该行为应当被禁止。

2. **关键设施原则的参考：是否拒绝许可“关键性”版权？**

受芝加哥学派市场自由理念影响深远，美国司法实践一直以来对知识产权人拒绝许可行为的规制非常包容，许多案件都判决不构成知识产权滥用或违反反垄断法，直到将关键设施理论应用到知识产权拒绝许可的判决中。

关键设施理论主要适用于铁路、港口等重要有形设施。该理论认为，关键设施的拥有人有义务让他人分享这一设施，而拒绝与他人分享则违反《谢尔曼法》第2条。虽然美国法院在知识产权拒绝许可的相关判决中提及了关键设施理论，但是并未专门针对知识产权对该理论适用进行发展和完善，只是在个别案件中用关键设施理论进行分析。在Poster案中，法院指出，版权人拒绝对其竞争者提供受版权保护的促销性材料与海报的行为违反了关键设施理论。在1995年的Montgomery County Ass’n of Realtors一案中，法院认为，拒绝许可受版权保护的房地产目录违反关键设施理论，原告要想获得胜诉，就必须证明受版权保护的房地产目录为关键设施。

与美国比较，欧洲法院对待拒绝许可行为的态度更加严厉，在许多案件中都依据竞争法对知识产权人作出了否定性的判决，并将关键设施理论发展适用于知识产权的一系列判决中，例如Magill案与IMS Health案等，并提出了具体的判定标准。这些标准概括来说包括:（1）知识产权人是具有市场支配地位的企业;（2）该知识产权是进入下游相关市场所“必不可少”的;（3）知识产权人拒绝许可行为排除了下游市场的有效竞争;（4）这一拒绝行为阻碍了“新产品”的出现;（5）拒绝许可行为没有合理的理由。其中，该知识产权许可是否是进入下游市场所“必不可少”的，拒绝许可行为是否阻碍了“新产品”的出现成为分析的关键。例如在Magill案中，爱尔兰高等法院认为，电视公司拒绝许可节目单是滥用市场支配地位的行为，因为其阻止了一种新产品的进入，该新产品即综合性电视指南周刊有着巨大的消费者需求。电视公司的行为属于利用支配地位阻止新产品进入市场，从而为自己保留指南周刊派生市场的行为。根据欧盟法院的观点，判断是否属于“新产品”的标准仅要求与现有产品具有一定差异性，并具有潜在的消费需求即可，阻止具有潜在消费需求的“新产品”出现是损害消费者利益的直接体现。

在分析网络内容平台的拒绝许可行为的竞争效应时，分析的重点是拒绝许可的版权是否对进入市场而言具有“关键性”的作用，对竞争者或下游市场主体而言，是否是“必不可少的”，是否会排除下游市场的有效竞争，阻碍具有潜在消费需求的“新产品”出现。在网络内容平台注意力竞争的背景下，对于主要吸引注意力的热门电影、电视剧、游戏等，可能具有不可替代性，尤其对于下游衍生市场而言，使用这些热门内容往往是进行市场竞争的重要条件。

例如，某网络游戏的直播是游戏直播平台消费者主要观看的内容时，该网络游戏的版权许可对于游戏直播平台而言就是必不可少的，此时拒绝许可会带来限制竞争的效果。但是，对版权内容认定“关键性”的标准是非常严格的，由于消费者在文化消费上具有很强的消费偏好，在实践中，单一作品的版权很难获得“关键性”的地位。然而，一旦版权内容聚合于特定的网络内容平台，该聚合后的作品版权就容易获得“关键性”地位，例如对华语乐坛的主要流行音乐作品版权进行聚合后，对于华语乐坛流行音乐衍生品开发生产者而言，获得这些聚合版权的许可是必不可少且不可替代的，此时聚合版权的内容平台的拒绝许可行为，将直接阻碍被许可者进入下游衍生品开发市场。当下游市场主体意图开发区别于现有产品的“新产品”时，拒绝许可关键性的知识产权将阻碍具有潜在消费需求的“新产品”的出现，损害市场竞争与创新，应受到反垄断法规制。

值得一提的是，现阶段关键设施原则主要被应用于拒绝许可行为的分析中。除了拒绝许可，其他限制竞争的行为也同样可参考该原则进行分析。例如，对于独家交易而言，如果通过独家交易不合理地阻碍了其他竞争者进入市场，或者阻碍其他竞争者获得必要的供应来源，则可能违反反垄断法。

三、网络内容平台环境带来的新难题与解决

数字内容平台版权滥用市场支配地位规制的分析难点主要是因平台特性引发的传统工具失灵，表现在相关市场界定、市场支配地位认定与竞争效应分析中。

（一）相关市场的界定

1. 界定的难点

首先，数字内容平台市场在双边市场提供的产品差异化程度能否构成单独的市场，即双边市场的相关市场界定是否是一个整体市场。此外，内容平台可以低成本涉足多个领域，不仅在纵向上对传统上下游市场进行整合，还可以在横向上将彼此区别的电影、游戏、音乐等内容聚合在同一平台，构建高度聚合的内容平台生态市场。此时，应当如何划定内容平台相关市场范围有待确定。

其次，平台特殊双边市场结构与“免费策略”加大了适用需求替代性分析的困难。传统上，需求替代性分析主要评估消费者因产品价格上涨或质量下降而转移到替代品上的能力与意愿。在双边市场结构中，消费者具有需求联动性，一边的市场消费者数量下降将影响另一边市场的消费需求，导致需求替代性难以准确评估。另外，数字平台常采取吸引消费者的“免费策略”，亦使得消费者需求价格弹性为基础测算相关市场的方法不能直接适用。此外，对网络消费行为的研究仍处于起步阶段，我们对影响网络消费者偏好与选择的因素了解不够，无法准确判定消费者的真实需求，以观看电子竞技游戏直播的消费者为例，消费者可能存在各种动机，或被游戏本身的内容吸引，或为获取游戏相关知识技巧，或在于享受专业主播的游戏技能，或仅仅是通过娱乐逃避现实，这些不同的动机将影响这款游戏电子竞技直播的需求替代性，进而影响反垄断分析中相关市场界定。

2. 应对措施

面对前述难点，本书认为，可基于传统内容市场相关经验，参考国内外学者研究成果，通过以下方法进行应对。

首先，区分“交易型”与“非交易型”的数字双边市场。只有“交易型”数字平台才可能界定成一个整体的双边市场，在“非交易型”数字平台中则需要区分为多个独立的相关联市场。[①] 所谓“交易型”数字平台是指其双边

---

① *See* Lapo Filistrucchi, Damien Geradin, Eric van Damme & Pauline Affeldt, *Market Definition in Two-Sided Markets: Theory and Practice,* Tilburg Law School Legal Studies Research Paper Series No.09/2013.

市场的消费者存在直接交易与互动，数字平台只发挥中介的作用，可对每笔交易设置定价，单独区分双边市场就没有必要。而“非交易型”数字平台指双边市场消费者之间不存在直接交易，平台对双边市场的定价策略彼此独立，应该界定为两个彼此相关联的相关市场。网络内容平台一般属于“非交易型”数字平台，一边连接内容消费者，另一边连接广告服务商，双边市场的消费者不存在直接交易与互动，内容平台的双边市场是相对独立的，应当界定为网络内容消费市场与网络内容的广告市场。

其次，应遵循创新市场、版权市场与产品市场的划分思路，界定内容平台相关市场。依据产业链与市场分工，内容产业相关市场可划分为创新市场、版权市场与产品市场。创新市场主要由从事内容创作与创新活动的内容生产主体组成，处于内容产业的上游。版权市场由被许可的作品版权与其替代的其他作品版权构成，主要参与者包括内容版权所有者、内容出版者或内容传播者。产品市场是指涉及版权内容的产品传播、销售市场，主要由内容传播者、内容销售者、内容消费者构成。虽然部分大型内容平台已经内化交易成本，整合了内容创新、版权许可与内容传播销售环节。但是，从内容的创作、版权许可到内容传播与销售，不同环节的市场参与者、交易方式、定价机制、盈利模式、竞争关系等都有所不同，不同类型内容的市场竞争状况与定价机制亦不同，故无论在横向上还是纵向上仍可以界定成彼此独立的相关市场。

具体而言，内容平台双边市场结构、网络外部性、数据驱动竞争等数字平台特性仅影响内容平台中产品市场的界定，创新市场与版权市场未发生本质改变，仍可基于版权许可费，利用需求替代、供给替代、价格需求弹性，假定垄断者测试等方式界定。在需求替代性上，不同类型的内容或权利将迎合不同的消费需求，在供给替代性上，内容与权利类型不同，其许可机制与定价策略也不同。[①] 在 Lagardère/Natexis/VUP 案中，欧盟委员会在界定了图书版权市场后，依据不同的权利类型，指出存在图像地图复制权市场。[②] 在 VIVENDI / CANAL+ /SEAGRAM 案中，欧盟委员会除界定了独立的广播权许可市场外，还区分了剧情片广播权市场与其他电视节目的广播权市场，因为广播权对有线付费电视运营商具有独特价值，且剧情片与其他电视节目对消

① *See* Case No COMP/M.3333, 19 July 2004, Sony/BMG, p.12.

② *See* Case No COMP/M.2978, 7 January 2004, Lagardere/Natexis/VUP, p.65.

费者有不同吸引力和定价。在内容版权供给层面，不同类型权利的定价结构与经济价值也不同。[①] 同样，由于足球是欧洲最受欢迎的运动，足球赛事的广播权市场与其他体育赛事广播权市场相区别。[②] 甚至对消费者需求弹性低的欧洲足球联赛[③]、美国拳击锦标赛[④] 还可被界定为独立的相关市场。总之，创新市场、版权市场与产品市场的划分在内容平台领域同样适用，双边市场特性并未对内容平台相关市场界定带来不可逾越的障碍。

最后，改进传统相关市场界定方法应对新难题。针对数字平台双边市场的相关市场界定困境，国内外学界提出了基于传统相关市场界定方法的改进提出了许多解决思路。例如美国学者埃文斯（Evans）针对双边市场交叉网络外部性提出了改进的损失法，同时考虑了双边市场中临界损失与实际损失的差额。他还提出了基于消费者“注意力”的替代性而非价格进行相关市场界定，即针对数字市场中“注意力竞争”的特性，反垄断相关市场界定与竞争效应分析的重点应当在对“消费者注意力”的争夺上，而不局限于用于吸引消费者注意力的特定产品与服务上。[⑤] 在“消费者注意力”争夺上，搜索引擎、购物平台、社交媒体平台、内容平台等都具有竞争关系，完全以注意力争夺界定市场，忽视产品与服务的功能和特性，会导致相关市场范围界定过于宽泛。[⑥]

相比之下，SSNDQ 法是更可能被完善的方案。我国著名 3Q 大战中采用了基于假定垄断者测试法（SSNIP）提出的 SSNDQ 法（Small ,Significant, and Nontransitory Decrease in Quality），用以应对平台零价格问题。该方法将传统以价格为中心的消费者需求弹性评估方式转为一种以产品质量为导向的评估方式。但产品质量本身概念宽泛，需结合网络内容平台消费特性决定影响消费者选择的主要因素，包括但不限于优质内容多少、隐私保护程度、使用效用与便捷性等。正如前文所述，内容消费领域存在明星效应，消费者对内容

---

① *See* Case No COMP/M.2050, 13 October 2000, Vivendi/Canal+/Seagram, p.17.

② *See* Case No COMP/M.2483, 13 November 2001, Group Canal+/RTL/GJCD/JV, p.19.

③ *See* Case No COMP/M.4519, 18 January 2007, Lagardere/Sportfive.

④ *See* Int’l Boxing Club of N.Y., Inc.*v.*United States, 358 U.S.242, 252 (1959).

⑤ *See* David S.Evans, *Attention to Rivalry among Online Platforms and Its Implications for Antitrust Analysis*, Coase-Sandor Institute for Law & Economics Working Paper No.627, 2013.

⑥ 侯利阳、李剑:《免费模式下的互联网产业相关产品市场界定》,《现代法学》, 2014 年第 6 期，第 74 页。

的偏好受习惯、他人观点、市场环境的影响，在社会网络效应驱动下，人们更偏好于观看或聆听那些已经受他人欢迎的内容，故拥有消费者需求替代性低的优质内容数量是影响消费者选择内容平台的主要因素。因此，可基于优质内容数量的减少，测量消费者对内容平台的需求替代性，从而确定相关市场的范围。虽然，在具体适用中仍须确定产品质量下降对应的内容类型与数量的变化，须具体区分普通内容与优质内容，但这相对于价格而言，是更可能被完善的方案。

（二）市场支配定位的认定

1. 认定的难点

内容平台的特殊性使得传统上直接与间接衡量市场支配地位的工具无法直接适用。一方面，内容平台高固定成本与低边际成本的特征使得高于边际成本价格能力的测算方式不适用，例如勒纳指数。在内容平台市场中，内容产品向多位消费者供给的边际成本几乎为零，平台需通过高于边际成本定价补贴前期内容研发与版权交易的高昂固定成本，此时内容平台勒纳指数趋于1，但并不代表其具有较强市场支配地位。另一方面，通过市场份额推算市场支配地位的主流方法在内容平台市场也存在适用瓶颈。企业市场份额往往通过销售总额、销售价值占总比计算。内容平台往往对消费者采取“免费模式”，此时产品的价格并不代表商品或服务对消费者的价值，销售额也就缺乏意义。同时，市场份额测算依赖于相关市场界定结果，相关市场界定结果的不确定性直接影响市场支配地位确定的准确性。虽然市场份额计算的参数可进行灵活调整，例如将日均用户活跃量等数值取代销售数额作为市场份额计算的基础。但是，在动态市场竞争中，市场主体的市场份额很可能在短期内就因技术进步或新竞争者的进入而改变，短期内的市场份额并不足以表明其在市场中的支配地位，[①] 市场份额在内容平台市场失去主导作用，需要更多考虑市场进入、经营者的市场行为、对竞争的影响等有助于判断市场支配地位的事实与证据。[②]

① *See* Case T-191/98, Atlantic Container Line and Others *v.*Commission (2003).

② 参见北京奇虎科技有限公司诉腾讯科技（深圳）有限公司、深圳市腾讯计算机系统有限公司滥用市场支配地位纠纷上诉案，最高人民法院民事判决书（2013）民三终字第4号。

2. 应对措施

面对前述难点，本书认为，可参考国内外司法实践经验及学者研究成果，通过以下方法进行应对。

首先，内容平台的特殊性主要影响内容平台经营者在产品市场的市场支配地位认定，而版权市场的交易模式与市场结构并未发生太多改变，市场份额推定方式同样适用于版权市场，可综合版权资源的质量差异以及在消费者层面的需求替代性，基于经营者对版权资源占据的份额，评估其市场支配地位，并据此推断其限制竞争的能力。

具体而言，在需求替代性与供给替代性弱的情况下，版权可为经营者带来市场支配地位。对大部分内容消费者而言，优质内容版权具有较低的需求替代性，加上明星效应的存在，控制优质内容版权的经营者可基于对优质内容版权控制获得市场支配地位。例如，奥地利在关于电影发行商垄断的系列判决中表明，热门大片的消费者需求替代性弱，故控制热门大片版权的电影发行商在电影发行市场中具有强大的市场支配地位。[①] 在欧盟多个涉及体育赛事节目版权案件中都强调关键体育赛事供应商的强大市场支配地位。[②] 此外，优质内容版权集中导致供给方替代性弱时，经营者亦可产生市场支配地位。早在20世纪初，“还原钢琴”制造商聚合大量音乐作品版权所引发的强大排斥竞争能力就引起关注，本世纪欧盟与美国皆针对有线付费市场中优质内容版权集中进行反垄断规制，例如在德国ARD广播公司独家购买美国米高梅影片库版权案中，欧盟法院强调ARD广播公司对超过1000部米高梅优质电影版权库的长期独家交易将对其他竞争者造成显著的排斥竞争影响。[③] 该案中，欧盟法院亦强调优质内容版权低需求替代性带来的限制竞争能力，尽管ARD购买的影片只占全球总库的4.5%，但这些影片源于世界领先的制作与发行公司米高梅，消费者需求替代性低。在国家监管总局对腾讯经营者集中作出的行政处罚决定书明确指出，腾讯与中国音乐集团的集中将进一步提高版权资

① *See* Austrian Supreme Court, *Constantin-Film*, Case 16 Ok 20/04, 4 April 2005, https://www.concurrences.com/en/bulletin/news-issues/april-2005/The-Austrian-Supreme-Court-finds-275.

② *See* Case COMP/C.2-37.398, Joint Selling of the Commercial Rights of the UEFA Champions League, 2003.

③ *See* Case 89/536/EEC,Commission Decision of 15 September 1989 relating to a Proceeding under Article 85 of the EEC Treaty.

源壁垒，进一步削弱竞争。[1]故当优质内容版权作品需求替代性变弱，成为下游市场的“关键投入”，存在版权集中，供给替代性弱时，市场主体可基于版权具有较强限制竞争能力。

其次，衡量内容平台产品市场支配地位的关键不在于对价格的控制，而在于对潜在竞争对手的竞争限制上，因此需要以评估企业的非价格限制竞争能力代替价格控制能力，以更综合的方式对市场主体面临竞争限制以及排斥竞争能力进行分析。具体如下。

第一，识别经营者所面临的竞争限制因素，包括现有市场中竞争者数量、潜在的市场进入者的竞争威胁、其他产品与服务的替代威胁、供应商的议价能力、消费者的议价能力等。[2]内容平台市场易形成“赢者通吃”的不均衡格局。现有市场竞争者数量较少，且受制于高昂的固定成本，潜在进入者的竞争威胁较小，故应将分析的重点置于后三个因素，尤其是其他产品与服务的替代威胁与消费者的议价能力。在注意力驱动的跨领域竞争下，替代产品的竞争威胁不局限于同类产品，还包括其他产品或服务对消费者注意力的分离。

第二，在考虑消费者议价能力时，须考量消费者的谈判能力与转移成本。在内容平台中，用户端消费者与广告端消费者议价能力不同。一般来说，在强消费偏好下，内容平台消费者的需求替代性强，议价能力高，除非该平台具有使消费者需求替代性低的独家优质内容，此时需评估内容平台内容与服务对消费者的需求替代性程度。此外，需评估消费者在内容平台选择上的转移成本。消费者可选择使用单个平台（single–home）或多个平台（multi–home），衡量市场消费者进行“多宿主选择”程度可帮助评估市场支配地位，[3]消费者“多宿主选择”程度强，代表其转移成本低，平台市场支配地位弱，消费者独家选择程度强，代表转移成本高，平台市场支配地位强。

第三，综合分析内容平台经营者所拥有的排斥与限制竞争能力。虽然数字市场竞争不均衡格局可被创造性破坏，即新竞争者可通过技术或商业模式创新打破市场垄断局面，但优质内容版权是所有内容市场的进入瓶颈，故优

---

① 参见《国家市场监督管理总局行政处罚决定书》（国市监处〔2021〕67 号）。

② *See* Data General Corp.*v.*Grumman Sys.Support Corp., 36 F.3d 1147, 1170 (1st Cir.1994).

③ *See* OECD, *Rethinking Antitrust Tools for Multi-sided Platforms 2018*, https://www.oecd.org/daf/competition/Rethinking-antitrust-tools-for-multi-sided-platforms-2018.pdf.

质内容版权集中亦对新市场的开辟与准入具有阻碍作用，具有强大的排斥竞争的能力。因此，对内容平台市场支配地位进行认定时，需从网络外部性强弱、市场进入障碍、消费者需求替代性、消费者转移成本等因素考虑，综合分析内容平台经营者所拥有的排斥与限制竞争能力，尤其应当关注优质内容版权集中所带来的限制竞争能力。

（三）竞争效应的分析

1. 分析的难点

首先，传统上竞争效应评估中的消费者福利标准在内容平台市场难以直接适用。广义上的消费者福利标准可能与任何类型的负面影响有关，但狭义上对消费者损害的识别主要源于短期基于价格的影响，在内容平台市场具有适用缺陷：因为关注短期“可衡量的”消费者价格与产品产出的变化会忽略产品质量、产品创新等带来的影响。而内容平台与信息产品经济特性导致企业侧重于长期增长与规模效益与战略的回报，而不是短期收入和利润最大化。此时，内容平台市场中商品与服务以低价或免费的方式提供给消费者，在缺乏价格的情况下，难以精确地衡量对消费者的损害。

其次，创新相关的动态效率评估缺乏适用标准。按照熊彼特的观点，数字平台的规模效应有利于整合创新资源，刺激创新投资，①但在阿罗看来，只有在竞争的市场中才会激发更多的创新投资，因为企业在竞争压力下，迫切需要通过研发新的或成本更低的产品，将竞争对手排挤出市场，平台市场集中度提高将对创新投资产生消极激励。②如何正确处理内容平台版权许可滥用带来的规模效应与限制创新竞争影响是当下需要解决的难题。

2. 应对措施

面对前述难点，本书认为，可通过以下方法进行应对。

一方面，应基于数字经济特性，在消费者福利分析中，同时考虑价格效

① *See* Joseph A.Schumpeter, *Capitalism, Socialism and Democracy*, Routledge, 2006.

② *See* Kenneth J.Arrow, *Economic Welfare and the Allocation of Resources for Invention,* in Universities-National Bureau Committee for Economic Research & Committee on Economic Growth of the Social Science Research Council, The Rate and Direction of Inventive Activity: Economic and Social Factors, Princeton University Press, 1962, pp.609-626.

应与品种影响。新产品是经济进步的核心，[①] 内容平台市场供应产品与服务种类增加是消费者福利提高的更大来源。对新产品所创造的价值需以某种形式量化以便于分析。有学者曾利用消费者的电视服务选择数据进行离散的需求选择模型测算，得出卫星电视引入为消费者带来每年约 55 亿美元的福利收益。[②] 现有研究已经为平台领域新产品带来的价值增加提供量化测算方法，[③] 可基于现有研究成果，评估行为对消费者福利在短期与长期的动态影响。

另一方面，应将消费者福利标准与有效竞争标准结合，构建二元分析框架评估内容平台版权许可滥用行为的竞争效应。所谓有效竞争标准是近年出现在反垄断领域的新思想，由贝尔克（Baker）、斯坦鲍姆（Steinbaum）等人提出，其主张应抛弃旧有的以价格为中心的竞争效应分析框架，构建以促进有效竞争为核心的新准则。[④] 基于有效竞争理念，保护竞争过程以减少私人权利集中是反垄断规制的核心，仅通过消费者盈余测算不能有效评估市场竞争水平。故应以保持竞争性的市场结构、保证潜在竞争者进入、保护包括劳动者、消费者、生产者等所有市场参与主体利益为基点，对内容平台版权许可滥用行为进行评估。当该行为造成内容平台市场集中度不当增加，阻碍潜在竞争者进入，减少市场创新，损害市场参与主体总体利益时，应当予以规制。

在评估内容平台版权许可滥用带来的创新减损效果时，可基于内容市场“产品差异化”竞争与创新特性，将分析重点聚焦于是否阻碍了具有潜在市场需求的新产品或服务的出现。传统上，公共物品理论指导了版权制度构建，认为具有供给不足的整体趋势，关注为知识产品提供创新激励以扩大产出。近年来，“产品差异化”理论对行使版权边界划定提供更完整的视角，[⑤] 内容产品同时存在供给不足与供给过剩的问题，比起不完全竞争中同类型产品与服

---

① *See* Timothy F.Bresnahan & Robert J.Gordon, *The Economics of New Goods*, University of Chicago Press, 1997, p.1.

② *See* Austan Goolsbee & Amil Petrin, *The Consumer Gains from Direct Broadcast Satellites and the Competition with Cable Television*, 72 Econometrica 351, 351-381 (2004).

③ *See* Erik Brynjolfsson, Yu (Jeffrey) Hu & Michael D.Smith, *Consumer Surplus in the Digital Economy: Estimating the Value of Increased Product Variety at Online Booksellers*, 49 Management Science 1580, 1580-1569 (2003).

④ *See* Marshall Steinbaum & Maurice E.Stucke, *The Effective Competition Standard: A New Standard for Antitrust*, The University of Chicago Law Review, Vol.87, No.2, 595-623 (2020).

⑤ *See* Michael Abramowicz, *An Industrial Organization Approach to Copyright Law*, 46 William & Mary Law Review 33, 33-125 (2004).

务造成的需求转移，更应当关注新市场进入者带来的需求增量，[①] 只有后者才能实际增加消费者剩余与社会整体福利。如前文所述，信息技术打开了满足多元化内容需求的可能性，下游市场增加了内容消费需求的维度与广度，基于原内容素材的增值性创新无疑将增加消费者剩余与社会整体福利。故对版权许可滥用分析重点在于版权许可滥用是否阻碍了具有潜在市场需求的新产品或服务的出现。在创新损害无法直接衡量时，可通过归纳影响下游市场创新因素，权衡规模效应带来的创新能力增加与排斥效应带来的创新减损，对创新效率评估设立更具体的标准。

① *See* Christopher S.Yoo, Yoo, Christopher S., Intellectual Property and the Economics of Product Differentiation .In Research Handbook on the Economics of Intellectual Property Law, Ben Depoorter& Peter Menell eds., Edward Elgar Publishing, 2019, pp.262-281.

第四章 规制体系中版权法与反垄断法的关系处理

一、从制度本旨看版权法与反垄断法

知识产权法与反垄断法的关系经历了一些变化。过去，知识产权法和反垄断法被认为是相冲突的法律，一方面，知识产权是法律赋予的知识产权人在一定期限内获取垄断性收益的权利，限制第三人未经许可，使用知识产权法保护的智力成果；另一方面，反垄断法是预防和制止垄断行为，保护市场公平竞争的法律，在这个层面上，法律赋予垄断性权利的知识产权似乎排除适用反垄断法。据此，知识产权的行使被认为是没有任何限制的，尤其是知识产权许可中制定的条款，并不会超越知识产权赋予垄断性权利的范围。知识产权是政策制定者为了促进创新赋予智力成果创造者的有限的垄断性权利，只不过，这种有限垄断的权利边界应该在哪里呢？反垄断法又该何时进行干预呢？

（一）立法宗旨的一致性

知识产权法与反垄断法具有相同的目标，都是促进创新与社会整体福利提高。

一方面，现代的反垄断法是基于完全竞争理论展开的，完全竞争是反垄断政策的经济学基础。“完全竞争”概念最早由法国经济学家古诺首创，并由威廉姆·斯坦利·杰文斯正式认定。所谓完全竞争是指一种不受任何阻碍和干扰的市场结构，是经济学中理想的市场竞争状态，完全竞争的结果将符合帕累托最优。在完全竞争市场上，存在大量的买家与卖家，信息是完全的，商品是同质的，生产者可以自由地进出市场，交易成本低，此时无论是买者还是卖者都是价格的接受者，都不能单独影响市场价格，此时这种竞争状态就被称为“完全竞争”，这样的市场被称为“完全竞争市场”。没有单个主体可以控制市场的变量，例如产量与价格，一旦偏离了完全竞争模型，市场就将形成垄断。

在完全竞争的状态下，所有的商品需求和供给恰好相等，价格在边际成本点达到，消费者与生产者均是价格的接受者，他们在既定的价格条件下实现自己的效用最大化和利润最大化，从而实现社会资源的最优分配，实现帕累托最优状态。这正是亚当·斯密所指的“看不见的手”的原理，每个自利的个体追求私利的情况下，市场会像一只“看不见的手”一般，实现社会福利增进的目的。[①] 由此，经济体系的基本原则就是在没有市场失灵的情况下，保证市场自由竞争将确保资源的最优分配。[②] 反垄断法服务于促进竞争的目的，其任务是确保市场没有被单个企业控制与独占，确保潜在的竞争者没有被排除出市场。

另一方面，知识产权是法律赋予智力成果创造者在一定期限内对其成果所获得的收益的垄断性权利。本质上，知识产权的客体是信息，具有无形性与公共物品属性，在没有法律保护的情况下，社会公众可自由使用与模仿。知识产权的设立实际上对社会公众施加了一定的成本，限制了社会公众获取和使用智力成果的自由。由此，知识产权必须以实现另一符合社会公共利益的目的而设立，而且该目的所获得的利益要大于社会公众获取和使用智力成果的成本。

激励理论是论证现代知识产权正当性的主流观点。根据激励理论，赋予知识产权的目的是为了通过保证智力成果创作者对其成果所获得的收益的垄断，以激励创作者与创新投资者继续投入时间与金钱成本创新，从而促进社会整体效益提高。换句话说，知识产权制度为创造者提供了基于创造成果获得收益的机会，基于自利的心理，行为人将更有动力从事发明创造，企业也更愿意投入高成本的研发中。授予知识产权不仅可以认为是赋予智力成果创

① [英] 亚当·斯密:《国富论》，郭大力、王亚南译，商务印书馆2014年版。

② *See* Herbert Hovenkamp, Mark A.Lemley, *IP and Antitrust: An analysis of Antitrust Principles Applied to Intellectual Property Law*, Aspen Publishers, 2016, pp.1-10.

作者物质上的激励，也可以被认为是给创造性思想的奖励，这些都给予了智力成果创造者继续发明与创作的精神力量，指引其进行创新。[①] 正所谓“给天才之火浇上利益之油”。由此，知识产权制度设立的目的是通过保护科技、文化领域的智力成果，优化资源配置，保护和激励创新。

在今天，一般认为知识产权法与反垄断法并不是冲突的，而具有内在的一致性，都是为了促进经济发展，实现社会整体福利最大化。

首先，知识产权所有者并不天然具有市场支配地位，知识产权本质上并不违反反垄断法。确实，知识产权是法律赋予智力成果创作者获取垄断性收益的权利，但是这里的垄断性并不等同于知识产权所有者天然在相关市场中具有垄断地位，而是指知识产权人在一定期限内可控制对其智力创作成果的收益权，即禁止他人未经许可使用其智力成果。排他性的垄断权利与经济上的市场垄断并不等同，知识产权并不能影响市场中产品的差异性与供求关系。现实中有大量的具有知识产权的产品在市场中遭受失败，即使获得成功也需要面对众多替代性商品的竞争，尤其对于具有版权的内容产品而言，在注意力经济下要面对本领域和跨领域产品的竞争威胁，加上消费者的消费偏好差异，具有版权的内容产品很难获得市场支配地位。例如，虽然所有的悬疑小说都具有版权，但是没有一本悬疑小说可以说在相关市场中具有垄断地位。

其次，知识产权与反垄断法都服务于相同的终极目标，即都是为了促进经济发展，实现社会整体福利最大化。正如前文所述，反垄断法的目的是为了通过维持市场竞争实现社会资源的最优分配，知识产权的设立目的是为了促进创新，二者都最终服务于社会经济的进步与整体社会福利的提升，具有相同的经济目标。1995 年《美国知识产权许可指南》指出，知识产权法与反垄断法有促进创新和提升消费者福利的共同目标，知识产权法通过赋予创造新颖实用性的产品、更有效的方法与原创作品的表达的创作者以独占性的财产权，为创新与创新成果的传播与商业化提供激励。在没有知识产权的情况下，模仿者可以快速利用创新者与投资者的成果而无需付出代价，快速的模仿将减少创新成果的商业价值，并减少创新投资激励，最终损害消费者福利。而反垄断法通过禁止特定的可能伤害竞争的行为（服务消费者的现有或新方

① *See* Friedrich List, *The National System of Political Economy*, Cosimo Classics, 2011, p.307.

式）促进创新与消费者福利。[①]《欧盟技术转移指南》也对知识产权法与反垄断法之间的关系进行了阐明，知识产权法赋予权利人独占性的开发与商业化智力成果的权利并不表明知识产权可以免受竞争法的干预。欧盟条约第81条和第82条特别适用于权利人许可他人行使其权利的协议，但是这并不意味着知识产权法与反垄断规则存在内在的冲突。确实，知识产权法与反垄断法律都有共同的基本目的，即促进消费者福利和资源的有效分配。创新是一个开放竞争性市场经济的关键和动态的重要组成部分。知识产权通过激励市场主体对开发新颖的或改进产品与方法进行投资，从而促进动态竞争。与此同时，市场竞争也对市场主体施加了压力，促进其创新。因此，知识产权与竞争都是促进创新与创新竞争所必需的。[②]

知识产权法与反垄断法可能在第一眼看来是完全矛盾的，但是实际上两部法律是互补的，都是旨在促进创新与产业竞争。[③]知识产权法通过调整创新投资风险（降低风险，增加收益）激励新的发明与创作，而反垄断法旨在促进产业竞争。[④]

（二）制度功能的互补性

知识产权法与反垄断法的互补性可以体现在以下两个方面：

一方面，竞争与创新本身就是相辅相成的，竞争可以激励创新，而创新反过来又可以引起新一轮的竞争。市场主体之间的竞争可以刺激发明新的与改进的产品，或者刺激采取更有效率的生产方法，市场主体会争先推出创新的产品或技术，以获得先占市场的优势；或者争先发明更高效率或更低成本的生产方法，从而在增加利润的同时增强竞争能力。竞争还可以促使市场主体为满足消费者需求而研发出新的产品与服务，由此，以促进竞争为目的的反垄断法在促进竞争的同时也在促进创新。同样，对于知识产权法来说，财

---

① *See* U.S.Department of Justice and the Federal Trade Commission, Antitrust Guidelines for the Licensing of Intellectual PropertyIP Licensing Guidelines, 2017, p.1.

② *See* COMMUNICATION FROM THE COMMISSION , Guidelines on the application of Article 101 of the Treaty on the Functioning of the European Union to technology transfer agreements , 2014/C 89/03, p.7.

③ *See* Atari Games Corp.v.Nintendo of AmericaAm., Inc., 897 F.2d 1572, 1576 (Fed.Cir.1990).

④ *See* Corp.v.Intel Corp., 195 F.3d 1346, 1362 (Fed.Cir.1999).

产权利益使得企业能够增加其创新研发投资的预期利益，从而促进创新投资与创新行为的发生。可获得知识产权法保护的客体必须是具有一定创新性的智力成果，是具有独创性的表达或具有新颖性与非显而易见性的发明，获取知识产权所带来的垄断性利益将激励企业进行较高质量的创新活动。虽然知识产权在一定程度上限制了竞争，阻止竞争者通过模仿进行竞争，但是知识产权激励创新的同时能刺激新的一轮竞争。正如熊彼特所言，市场主体会为了打开与抢占新的市场而竞争，通过“创造性破坏”推动产业的发展与转变。在促进创新与竞争功能方面，反垄断法与知识产权法是互补的。

另一方面，从实体法上看，反垄断法为知识产权法规制知识产权滥用等行为起到补充作用。知识产权不仅是政策制定者激励创新的工具，亦是市场主体从事市场竞争的核心工具，由此，拥有知识产权优势的市场主体滥用知识产权限制竞争等行为背离了知识产权法本身利益平衡的目的，造成了社会整体福利的损害，需要法律干预规制。然而，知识产权法作为调整知识产权领域的一般性财产权规范，以事前规制为主，而且很多时候并不能制定只适用于某些特定产业的规则，这造成了知识产权制度本身规范知识产权滥用行为能力的有限性。而反垄断法能在一定程度上对解决知识产权滥用等问题进行有益补充。反垄断法虽然基于企业静态价格竞争展开，但是近些年随着“新经济”与“高科技”的发展，反垄断法越来越关注“动态竞争”的概念。有学者主张通过引入“创新市场”的概念，将动态效率问题明确纳入反垄断法对企业兼并的控制中。[①] 在“新经济产业”进行竞争法分析时，需要明确考虑“动态竞争”，这些高新技术产业更多强调基于绩效的竞争，而不是基于价格的竞争，需要更多的“动态分析”。[②] 还有学者主张建立一个“新熊彼特式”的反垄断分析框架，该框架更加倾向于动态竞争而非静态竞争，在评估市场支配地位时减少市场份额与市场集中度评估的比重。[③] 考虑到创新可能对效率收益产生的乘数效应，应当采取预期评估的方法，评估特定行为可能产

① *See* R.J.Gilbert and S.C.Sunshine, “Incorporating Dynamic Efficiency Concerns in Merger Analysis: The Use of Innovation Markets”, *Antitrust Law Journal*, Vol.63, 1995, p.569.

② *See* C.Pleatsikas and D.Teece, “The analysis of market definition and market power in the context of rapid innovation”, *International Journal of Industrial Organization,* Vol.19, 2001, p.665.

③ *See* G.J.Sidak and D.J.Teece, “Dynamic Competition in Antitrust Law”, (2009) 5(4) *Journal of Competition Law & Economics,* Vol.5, No.4, 2009, p.581.

生不同结果的相关收益与这些结果发生的概率。[①]总的来说，大多数学者都认为，反垄断法不应只关注静态的福利效应，也应当关注动态竞争与效率，反垄断法对动态竞争与效率的关注应与知识产权促进创新目的相协调。不同于知识产权法，反垄断法作为对限制竞争行为的规范，以事后规制为主，并在个案中对具体行为进行限制竞争效应评估，可针对不同的产业与不同行为进行有针对性的个案规制与分析，对知识产权滥用行为的规制起到了很好的补充作用。

基于知识产权与反垄断互补的理论，知识产权应是竞争体系的一部分，知识产权在一定程度上限制了竞争，阻止竞争者通过模仿进行竞争，然而，这也是为了促进动态创新竞争，但促进动态创新竞争并不代表一味允许创新主体进行垄断性行为。事实上，知识产权权利人往往也是在其感受到竞争压力时才进行创新投资。因此，从竞争的角度，知识产权法带来了促进动态创新竞争的积极影响与限制竞争带来的消极影响之间的平衡，具体到知识产权法与反垄断法的关系上，需要在个案中进行知识产权促进动态竞争效果与损害竞争效果的权衡。[②]因此，作为竞争法，不该排除知识产权法的适用，而是应该对知识产权法适用提供具体的和具有说服力的使用规则，指导个案中对知识产权反垄断法适用。

如上文所述，反垄断法是基于经济学中完全竞争理论的展开，在反垄断的分析与判断中都离不开经济分析。例如，在反垄断的相关市场分析中，基于经济学理论测算相关产品在其地域范围内的消费者需求替代范围，或根据消费者剩余价格需求弹性测算出涉案产品的相关市场范围；在竞争效应分析中，基于经济学理论测算对消费者剩余与生产者剩余的影响，从而分析涉案行为对社会整体福利的影响，判断该行为是否具有限制竞争、损害社会公共利益的影响。由此，在反垄断领域，法学与经济学知识的结合尤为明显。在美国，司法部反垄断司和联邦贸易委员会的工作人员中有相当一大部分人是经济学专家，这些经济学专家为反垄断和消费者保护调查和规则的制定提供

① *See* H.A.Shelanski and M.L.Katz,“Mergers and Innovation”, *Antitrust Law Journal,* Vol.74, 2007, p.1.

② *See* WIPO, Copyright, Competition and Development, 2013, p.39, https://www.wipo.int/export/sites/www/ip-competition/en/studies/copyright_competition_development.pdf.

经济分析支持。[1] 在 2003 年欧盟成立了首席竞争经济学家办公室，由专业的经济学家小组组成，参与竞争调查，提供经济指导与方法协助，协调竞争政策经济咨询小组（EAGCP）的工作，就欧盟竞争法政策法规的预期审查编写意见。[2] 在世界范围内，企业在接受政府反垄断调查时常常聘请经济学家提供反垄断的经济分析，并将分析结果提交给反垄断机构作为决策参考。可以说，在反垄断领域，反垄断法与经济学的交融是很深的。

在知识产权领域，法学和经济学交融的分析方法也日益重要，并逐步成为主流的分析方法。虽然知识产权的创设主要基于私权理论，洛克的“劳动财产理论”为设立知识产权奠定了哲学基础，使主体创作成果付出的智力劳动成为设立知识产权的主要依据。然而，随着技术与知识产品市场的发展，知识产权法通过激励创新促进社会经济发展的公法性目的被日益强调，知识产权被认为是促进科学与文化产业发展的政策工具。正是基于此，知识产权领域的法经济学研究越来越多，国内外学者开始用经济学的思维研究知识产权的授予与保护边界。在美国联邦贸易委员会（FTC）最近发布的关于《促进创新：平衡竞争法与专利法关系》的报告中指出，美国专利局可以在扩大可专利主题的范围之前，考虑对竞争可能造成的损害以及其他可能的利益和成本，并且在专利政策中，必须加强对经济分析的学习与竞争政策问题的考虑。[3] 在欧洲，欧洲专利局早在 2004 年就设立了首席经济学家职位，对知识产权领域相关研究项目提供经济学分析指导和对知识产权政策影响的经济评估。[4] 英国的哈格里夫斯报告认为，缺乏经济分析是导致该领域公共政策失败和缺乏循证决策的主要原因之一，这一点也是过去英国其他知识产权制度审查中经常提出的问题。[5] 根据 2006 年 Gowers Review 的建议，英国政府于

---

① *See* Frédéric Jenny, IoannisLianos, Herbert Hovenkamp, Frances Marshall, and SivaramjaniThambisetty, Competition law, “intellectual property rights and dynamic analysis: Towards a new institutional “equilibrium”, *Concurrences Journal,* 2013, p.13.

② 同上注。

③ *See* U.S.FTC, To Promote Innovation: The Proper Balance of Competition and Patent Law and Policy, October 2003, http://www.ftc.gov/os/2003/10/innovationrpt.pdf, Recommendations 6 and 10.

④ 同上注。

⑤ *See* Hargreaves, Digital Opportunity: A Review of Intellectual Property and Growth, 2011, https://assets.publishing.service.gov.uk/government/uploads/system/uploads/attachment_data/file/32563/ipreview-finalreport.pdf.

2008 年成立了知识产权战略咨询委员会 (SABIP)，目的是监督一系列知识产权政策课题的研究项目。英国知识产权局还在 2008 年任命了第一届首任经济学家，成立了一个知识产权经济学家部门，一些从前在知识产权战略咨询委员会工作的政策人员被纳入该部门，将重心转移到知识产权的经济分析方面。[①] 哈格里夫斯的报告还包括一些建议，目的是“拓宽知识产权局的视野”，使知识产权局的决策建立在证据和“适当考虑知识产权制度对创新和经济增长的影响”的基础上。哈格里夫斯建议修改立法，为知识产权局增加新的职能，包括:（1）不断审查知识产权以及基于知识产权获得的市场支配地位对创新与竞争的影响;（2）对具有损害竞争和消费者福利威胁的特定领域撰写调查报告:（3）向竞争管理部门提出建议，以维持健康、有效率的市场，满足权利人的需求。除了美国和欧洲之外，其他司法管辖区也可发现知识产权局更多的经济分析趋势，世界知识产权组织还加强了其在经济和统计学等领域的研究等能力。[②]

由此，知识产权法与反垄断法都强调政策对福利和创新经济的影响，都重视法学与经济学分析的结合，两个领域研究方法趋于一致，跨学科联系紧密。除此之外，知识产权法与竞争法的行政执法机构和司法机构之间的联系也日益紧密。在美国，司法部与美国联邦贸易委员会在知识产权领域都特别活跃。近年来，司法部反垄断司、联邦贸易委员会和美国专利商标局之间的合作日益加强，不仅共同组织促进创新的联合讨论会，还通过一系列联合政策声明，例如 2013 年 1 月通过一项涉及受 FRAND 承诺约束的标准必要专利的救济措施。[③] 在英国，竞争主管部门与知识产权局签署了加强合作的备忘录，目的是分享具体诉讼、政策建议、对知识产权和竞争有影响的政策和法规的发展信息等。[④] 英国知识产权局创新部门还设立了专门的知识产权和竞争政策机构关注知识产权领域的竞争问题。在美国，知识产权案件的审理常常

---

① *See* Hargreaves, Digital Opportunity: A Review of Intellectual Property and Growth, 2011, p.95, https://assets.publishing.service.gov.uk/government/uploads/system/uploads/attachment_data/file/32563/ipreview-finalreport.pdf.

② 同上注，第 17 页、第 91 页。

③ *See* US DOJ & USPTO, Policy Statement on Remedies for Standard-Essential Patents Subject to Voluntary F/RAND Commitments, 20113, http://www.justice.gov/atr/public/guidelines/290994.pdf.

④ *See* Memorandum of Understanding between the Intellectual Property Office and the Office of Fair Trading, 2012, http://www.oft.gov.uk/shared_oft/MoUs/IPO.pdf.

由知识产权法官与竞争法法官联合审理。除此之外，有不少国家的知识产权法院法官的培训都要求提高其经济专业知识，以及增加对竞争法和知识产权法原则的了解。[①]针对知识产权法、反垄断法及其司法与行政执法部门，有不少学者提出知识产权法和竞争法已经（或者正在）成为一个“统一领域”的论点。[②]

二、版权法与反垄断法规制的联系与区别

（一）版权法与反垄断法规制的联系

如上文所述，知识产权法与反垄断法虽然有各自的规制逻辑，但都是以实现社会整体福利为目的。在新经济背景下，反垄断政策愈发关注创新竞争与动态效率的实现，知识产权规制也更加关注市场主体垄断知识产权对创新竞争的影响，尤其是对下游市场的进入与创新的影响，两者都涉及促进创新的规制。事实上，现阶段大多数经济学家都认为创新对经济进步的贡献度远大于其单纯为创造和维护竞争性市场所做的努力。与此同时，一个社会中经济竞争的强度与其产生的创新量之间呈现出强烈的相关性，[③]垄断者会比竞争企业有更少的创新激励。[④]反垄断法以促进和维持竞争秩序为目的，这里竞争不仅包括静态价格竞争，也包括动态的创新竞争，在涉及知识产权的新经济领域，反垄断规制更多强调对动态竞争效率的提升，促进对创新的关注。[⑤]同样，作为带有强经济政策属性的知识产权制度而言，促进智力成果的传播与公众接触、激励创新无疑是版权法规制的主要目的。由此，版权法与反垄断

---

① *See* Frédéric Jenny, IoannisLianos, Herbert Hovenkamp, Frances Marshall, and SivaramjaniThambisetty, Competition law, “intellectual property rights and dynamic analysis: Towards a new institutional “equilibrium”, *Concurrences Journal,* 2013, p.13.

② *See* W.K.Tom and J.A.Newberg, Antitrust and Intellectual Property: From Separate Spheres to Unified Field, *Antitrust Law Journal* Vol. 66, 1997, p.167.

③［美］克里斯蒂娜·博翰楠，赫伯特·霍温坎普:《创造无羁限：促进创新中的自由与竞争》，兰磊译，法律出版社 2016 年版，第 4 页。

④ *See* Herbert Hovenkamp, Mark A.Lemley, *IP and Antitrust: An analysis of Antitrust Principles Applied to Intellectual Property Law*, Aspen Publishers, 2016, pp.1-6.

⑤ *See* C.Pleatsikas and D.Teece, The analysis of market definition and market power in the context of rapid innovation, *International Journal of Industrial Organization*, Vol.19, 2001, p.665.

法规制都体现出在各自的基本假设下鼓励创新，在新经济背景下版权法与反垄断法规制都是为了促进对智力成果的接触，防止滥用市场支配地位、阻碍竞争与创新；都是为了社会整体福利最大化进行考虑。在促进动态效率与创新竞争方面，版权法与反垄断法规制是殊途同归的关系。

以计算机软件市场为例，计算机软件由数以万计的代码组成，这些代码引导着计算机实现其功能，向用户提供一系列的服务。计算机软件产业的创新可总结出三个特点：（1）累积性创新。在计算机软件领域的创新往往是一种累积性创新的活动，创新者往往是基于前期的软件，增加新的想法和研发新的软件产品；[①]（2）计算机软件领域的创新往往比其他高新技术领域创新成本低。计算机软件的创新无须付出高新技术研究的巨大成本，无须建造临床实验室与工厂等，这些都无疑使计算机软件市场向小企业开放，使其能够以低成本进入市场；[②]（3）计算机软件与互联网市场变化迅速，模仿也可以迅速发生，整个计算机软件产品的生命周期基本在版权或专利保护期届满前就结束了；计算机软件市场创新的特点要求竞争者对基础计算机软件进行更多的接触，更多保持计算机软件市场中小企业的竞争活力。

计算机软件受版权法保护，根据我国法律，受保护的计算机软件是指计算机程序及其有关文档。计算机软件版权保护是指因为软件具有开发工作量大、开发投资高，且复制容易、复制费用极低的特点，为了保护软件开发者的合理权益，鼓励软件的开发与流通，广泛持久地推动计算机的应用，需要对软件实施法律保护，禁止未经软件著作权人的许可而擅自复制、销售其软件的行为。但正如前文所述，计算机软件市场累积性创新特点明显，由此，版权法在给予计算机软件版权保护的同时，也采取了一些规制制度防止计算机软件权利人滥用权利，损害计算机软件市场的创新与竞争。最典型的是美国司法中的版权滥用抗辩频繁适用于计算机软件市场，在 Lasercomb America 一案中，原告 Lasercomb 在许可被告使用其软件时，要求被告在 99 年之内不得以此为基础进行后续开发，设计竞争性产品。法院并未认定被告破解原告技术措施并制作侵权软件复制件的行为构成侵权，而是认可了被告提出的版

① *See* Stuart J.H.Graham & David C.Mowery, "Intellectual Property Protection in the U.S.Software Industry", GRAHAM & MOWERY, p.225.

② 同上注，第 223 页。

权滥用抗辩，因为原告版权人“试图通过其行使版权的行为在权利保护范围之外限制竞争”。[①] 在 American Med.Assn 一案 [②] 中，法院指出 AMA 将其作品授权给政府机构，许可条件是它们不使用竞争作品，这一规定构成版权滥用，尽管该条款没有得到执行；在 National Assn of Realtors 案中，法院认定因权利人滥用版权导致许可协议无效，因为它排除了被许可方的竞争；[③] 在 Tamburo 案中，法院认定阻止开发竞争产品的软件许可协议，无论是否基于软件，都构成权利滥用。[④] 在这些案件中，法院都特别关注了版权行使对限制计算机软件领域竞争的影响。

计算机软件相关的反垄断执法案件不胜枚举，反垄断法一直活跃于计算机软件领域，积极采取措施防止占据市场支配地位的计算机软件所有者采取版权滥用等方式垄断计算机软件市场，限制初级及次级相关市场的创新与竞争。以微软系列案件为例，在 E.U. 诉微软案 [⑤] 中，微软公司将多媒体播放软件的代码整合到 Windows98 第二版的操作系统中，欧洲法院认为，微软搭售多媒体播放软件的行为阻碍了多媒体播放市场的有效竞争。尽管微软的 Windows 操作系统并不阻碍消费者自行下载其他多媒体播放器，但是用户自行另外下载的其他软件也不能够与在每台个人计算机上都自动存在的微软多媒体播放软件相竞争，微软的搭售行为将损害多媒体播放市场的竞争秩序。由此，欧洲法院要求微软向竞争对手公开网络协议的技术参数和提供未捆绑多媒体播放软件版本的 Windows 操作系统，这意味着要求微软删除 Windows 操作系统中的多媒体播放软件代码，并支持欧盟委员会对微软作出的罚款。在 U.S 诉微软案件 [⑥] 中，微软在其给基于英特尔公司微处理器架构的个人计算机操作系统 Windows 中强制捆绑销售浏览器软件 Internet Explorer 的行为引起了美国联邦政府的反垄断诉讼，除了微软的浏览器软件，在市场中竞争的其他浏览器软件（如 Netscape Navigator 或 Opera）都是需要用户使用网络下载或是从软件商店购买的。由此，美国联邦政府认为微软公司的捆绑销售行为

---

① *See* 911 F.2d 970 (4th Cir.1990).

② *See* Practice Management Info.Corp.v.American Med.Assn., 121 F.3d 516, 520-521(9th Cir.1997).

③ *See* PRC realty Sys.v.National Assn of Realtors, 1992 U.S.App.Lexis 18017(4th Cir.1992).

④ *See* Tamburo v.Calvin, 1995 WL 121539 (N.D.III.Mar.17, 1995).

⑤ *See* COMP/C-3/37.792 Microsoft, Commission Decision of 24 Mar.2004.

⑥ *See* United States v.Microsoft Corporation, 253 F.3d 34 (2001).

构成垄断，损害了浏览器软件市场的竞争。最终微软和美国司法部以及9个州达成和解方案，条件是微软同意PC制造商可以自由选择视窗桌面，微软公开视窗软件部分源代码，使微软竞争者能够在操作系统上编写应用程序。但国会和微软的竞争对手认为，和解协议的条款未能有效限制微软的权力。该和解协议包括披露软件源代码、更大限度地允许个人计算机生产商使用竞争对手的软件、同计算机生产商之间的合同应统一条款，并禁止微软进行商业报复等。

（二）版权法与反垄断法规制的区别

虽然，反垄断法与版权法规制都是为了促进社会整体福利最大化做出考虑，防止滥用市场支配地位，阻碍竞争与创新。但是，反垄断法规制与版权法规制仍然存在许多区别，具体而言可归纳为以下六个方面：（1）违背政策目的标准与竞争损害标准的区别；（2）事前规制与事后规制的区别；（3）内部限制与外部限制的区别；（4）基于行为或市场结构限制与基于行为限制的区别；（5）对市场自由更多限制与对市场自由相对较少的限制的区别；（6）规制效率高与规制效率低的区别。

1. 违背版权政策目的标准与竞争损害标准

版权制度应当被理解为调节“激励创作与公众接触”的，以功利主义调整权利人与使用者之间的紧张关系，不仅激励创作者创作出更多对公众有价值的作品，同时也确保公众能够获得和接触这些作品。由此，版权法领域的规制更多的是进行宏观调控，以符合版权法的政策性目的，即平衡版权人私人利益与社会公众接触作品的利益，从而促进作品传播和利用，防止版权人滥用权利，阻碍作品的传播。而反垄断法旨在通过保护竞争，促进包括生产与技术效率、分配效率和动态效率在内的整体经济效率的提高。在此反垄断法规制的标准是“竞争损害标准”，主要考量相关行为是否对竞争产生损害以及产生的损害是否在反垄断法所能容忍的限度内等。若相关行为造成消费者剩余与生产者剩余下降，带来社会福利损害，反垄断法需要对相关行为进行规制。反垄断法与知识产权法认定标准上的差异从侧面表明两法具有制度独立性，不可相互替代。

2. 事前规制与事后规制

所谓事前规制是指，在决策过程之前，为保证既定的政策目标的实现，尽量减少失误，规制主体事先预测未来的决策活动中可能发生的与预定目标不一致的各类问题，并采取相应预防措施和规制措施；与之相对的事后规制是指在一个决策行为或活动结束之后，把其产生的实际效果与既定的目标、要求和原则等做比较，找出并纠正偏差和失误。[①]版权法作为规范版权内容领域法律问题的一般性规定，通常以事前规制为主，针对可能出现的违背版权政策目标的行为进行事前限制。我国版权法以列举式的方式明确合理使用制度适用的情形，亦明确阐明了法定许可适用的条件，例如著作权人向报社、期刊投稿刊登后，除著作权人声明不得转载摘编外，其他报刊可以转载或者作为文摘、资料刊登，但应当按照规定向著作权人支付报酬。事前规制能够为市场主体提供明确的预期，而反垄断法以事后规制为主，即要求在有证据表明市场主体在相关市场领域内滥用市场支配地位并造成竞争损害与社会整体福利损害的情况下才进行干预。反垄断法只在经营者集中领域建立了事前审查制度，其他反垄断行为的规制都是事后规制。相比于事前规制，事后规制能够降低错误规制所产生的成本，能够根据具体情况采取规制措施，与推定损害效果的事前规制不同，反垄断法的事后规制是根据个案的具体损害情况决定是否以及如何进行规制。

3. 内部限制与外部限制

版权法规制主要是指版权法领域对版权权利主体行使版权行为的限制，属于版权法内部对权利行使的限制，只针对知识产权权利人与权利授予或行使的相关人；规制制度与版权法内部的逻辑相协调，即防止权利人行使版权阻碍作品内容的有效传播与社会公众的接触、阻碍竞争者二次创新等。版权法内部限制更加具有针对性，只针对版权领域的相关主体与具体问题，但是其作为版权领域的一般性规范，一般不会对具体内容产业做出太细致的规定，规制作用有限，规制力度有限，需要外部规制进行补充，包括竞争法、刑法等。反垄断法规制针对所有涉及市场竞争的行为，规制对象与行为具有一般性，包括所有相关市场中的竞争者和买卖方，无论是否涉及知识产权。反垄

---

① 陶学荣:《公共行政管理学导论》，清华大学出版社 2005 年版，第 169 页。

断规制的主要是利用市场支配地位，打击竞争对手、获取高额利润的行为，其在行为主体实施垄断，对竞争者和相关交易方造成巨大影响，极大损害竞争者与买卖方的利益，扰乱市场经济竞争秩序时干预。反垄断法对知识产权行使行为的规制属于外部规制，反垄断法有自身的规范逻辑，在权利人行使知识产权行为符合其规制标准的情况下适用，例如要求市场支配地位以及明确的竞争损害的论证等。

4. 基于行为或市场结构限制与基于行为或绩效规制

所谓基于市场结构的规制是指基于相关产业的市场结构特性决定是否进行规制，包括市场集中程度、进入相关市场的障碍、产品的差异性等。一般来说，市场集中程度越高，潜在竞争者进入相关市场越困难，产品差异性越显著，即替代品越少，该行业的市场结构就越趋于垄断，越需要规制。所谓基于市场行为规制是指针对市场主体具体行为进行调整，包括价格行为和非价格行为，价格行为包括价格歧视、价格固定、掠夺性定价等；非价格行为包括捆绑销售、拒绝许可、企业合并等。所谓基于市场绩效是指，基于市场结构与市场行为所产生的具体效果进行规制。具体而言，版权法与反垄断法都可基于具体的市场行为进行调整与规制，例如美国版权法针对音乐作品独家交易的范围与时间进行了具体规定，反垄断法关注包括价格歧视、掠夺性定价、搭售等所有涉及限制竞争的行为。版权法也可基于市场结构进行规制，例如录音制品法定许可的引入正是基于音乐作品版权市场趋于集中的市场结构特性，而获得音乐作品版权许可又是录音制作者进入市场所必需的，防止音乐版权人垄断市场限制竞争在录音制品版权许可中引入法定许可制度，录音制品制作者未经许可就可对已录制且发表的音乐作品进行录制，但需要支付合理的报酬。版权法的事前规制与一般性规制特性使其更可能基于市场结构的限制创新风险进行规制。而反垄断法经历了从以哈佛学派到芝加哥学派为主的规制理念，从主要基于市场结构调整转变为基于市场行为调整。哈佛学派认为，市场结构决定了厂商行为，厂商行为又决定了产业绩效的好坏，由此反垄断规制应以拆分市场结构措施为主。芝加哥学派认为，高度集中的市场结构不一定会产生垄断损害，还可能来带规模经济效率，反垄断规制应以具体企业行为及其产生的影响为主。现阶段，反垄断法规制主要是基于市场行为或市场绩效进行。

5. 规制成本低效率高与成本高规制效率低

正如前文所述，版权法规制一般采取列举式规定规制条款适用的具体情形，具有一般性，界权成本低，可直接适用，无需过多证据论证规制的合理性，规制效率高。再加上版权规制常常有行政执法辅助，大大提升了规制效率。相对而言，反垄断法规制的效率低，成本高，需要经历较长的调查时间，通常一起反垄断案件都需要经历三年以上，美国对微软案的调查持续了十年。反垄断规制举证成本高，再加上漫长的诉讼周期，一个反垄断案件往往要耗费大量的人力、物力、财力。在日新月异的新经济时代，反垄断法规制的低效率并不适合新经济下的市场行为规制，很多情况下市场主体还没等到反垄断法的救济，其涉案产品的市场生命周期就结束了。由于缺乏创新与市场集中程度关系的确定模型，在新经济条件下，相关市场界定与竞争效应损害往往争议大，反垄断规制常常在耗费大量时间调查论证后还存在许多争议。

6. 对市场自由更多限制与对市场自由相对较少的限制

如前文所述，基于版权法规制以事前规制为主，基于推定的损害后果，所有满足条件的行为，无论是否造成阻碍作品传播与创新，限制社会公众接触等后果都被规制，这无疑对市场自由施加了更多的限制。而反垄断法则是以保证市场参与者的自由竞争权利为前提，在竞争行为产生明确竞争损害的情况下进行规制。换句话说，若没有产生具体的被证明的竞争损害，反垄断法不会进行规制，市场主体可依个人利益最大化方式进行自由竞争，从这点上，反垄断法规制的要求更高，要求个案中的竞争损害都是明确可被证明的，对市场自由的限制相对较少。

三、内容平台具体规制中的制度选择

（一）两种规制手段并重

在过去，对于版权滥用行为的规制研究主要集中在反垄断法，随着内容平台市场的出现，我们应该重视版权法内部对版权滥用行为的规制作用，两者属于殊途同归的关系。

首先，创新竞争模型缺位时不能仅依赖反垄断法规制。

现阶段，经济学领域未统一关于创新与竞争关系的观点，未确定创新竞争的标准模型。关于创新与竞争关系的研究主要围绕 Schumpeter（1942）的研究和 Arrow（1962）的研究展开。Schumpeter 的主要观点是垄断的企业有更强的经济能力进行创新投资，相比于小企业，具有更强的激励进行风险性的创新投资。在竞争更少的市场环境中，创新带来的收益会更大，对企业投资创新提供更大的激励，换句话说，企业的规模越大，其对创新产生的积极影响越大。① 随后 Arrow 对 Schumpeter 的观点进行了反驳，Arrow 认为企业的市场份额越大，将对创新投资产生消极激励，只有在竞争的市场中才会激发更多的创新投资，因为企业在竞争压力下，迫切需要通过研发新的或成本更低的产品，将竞争对手排挤出市场。② 随后创新经济研究者围绕 Schumpeter 和 Arrow 的观点展开了一系列研究与实证检验，近期的研究认为，创新与竞争的关系并不如 Schumpeter 与 Arrow 描述的那般绝对，两者之间呈现出一种“倒 U 型”的关系。创新会随着企业规模的扩大（市场竞争的减少）而增加，并达到一个峰值，之后当企业规模进一步扩大时，创新力将会降低。换句话说，在市场高度竞争时，Schumpeter 的观点是正确的，企业规模的扩大，以及市场集中程度的提高将会带来更多的创新；相反，当市场处于高度集中状态时，Arrow 的观点可以得到验证，即市场竞争越大，企业的创新激励将会越强，反之越弱。尽管经济学家们发现了创新与竞争之间这种微妙的关系，但是没有人能确切指出，当企业规模到达何种程度时，市场创新能力最强，创新与竞争的动态关系会随着市场类型与时间的变化而改变，取决于市场集中程度提高对市场竞争水平的影响，以及企业进行创新投资的能力与激励水平的影响。③ 在众多理论与实证分析中，创新与竞争的任何一种关系都是可能的，区别仅在于调查对象、变量、样本、研究方法、参数选择、测试方法等。不同类型的市场，不同时间段，创新与竞争的关系不同，是一种动态关系。

---

① *See* Joseph A.Schumpeter, *Capitalism, Socialism and Democracy*, Routledge, 2006.

② *See* Kenneth J.Arrow, *Economic Welfare and the Allocation of Resources for Invention, The Rate and Direction of Inventive Activity: Economic and Social Factors*, Princeton University Press, 1962, pp.609-626.

③ *See* Pascale Dechamps and Ilaria Fanton, The Economics of Dynamic Markets: A Focus on Merger Control, Dynamic Markets, Dynamic Competition and Dynamic Enforcement, GCLC Annual Conference Series, Bruylant 2018, p.66.

在此背景下，针对市场集中程度与创新之间关系的经济学研究还没有定论，执法者在面对争议呈现出一种摇摆不定的姿态，不敢轻易对创新市场的限制竞争行为进行规制。有学者反对将版权法加入对内容市场创新与竞争的规制，理由在于其缺乏像反垄断分析一样这么细致的论证，规制容易缺乏合理性，规制的任务应当交由反垄断法完成。但是正如前文所述，版权限制制度是为了实现版权政策目的，版权的政策目的包括了促进创新与经济、产业的发展，这里的创新与经济发展实际上离不开有效的竞争。由此，虽然版权限制制度不是直接为了促进竞争，但是其实现版权政策目的是包含了对版权市场竞争秩序的规范的。再加上新经济条件下，反垄断领域和版权领域都缺乏创新的经济模型支持，对于内容平台的规制，反垄断法的规制并不是完全比版权规制更合理。相反，在此背景下，版权内部规制的重要性体现，可避免这些相关的争论，只为促进版权相关内容产业的创新与发展。所以，版权法当然能够被用于规范阻碍创新与竞争的行为，只要其违反了版权政策的目的。有学者甚至指出，在缺乏创新经济模型的背景下，知识产权制度会比反垄断制度更适用于规制创新市场，在目前的制度环境下，应当将经济分析融入最优的知识产权法律制度和规则的设计中。①

其次，版权法的规制特性适用于具有“自然垄断”的产业。

正如前文所述，当版权人行使版权的行为或版权协议的内容超越了版权法所赋予的权利范围，违背了版权法的立法目的时，版权内部将对该类行为进行规制。但是不同于反垄断法规制，版权法作为规范内容产业领域的一般性规则，其并不会针对特定某一行业作出十分具体的规定，通常以事前规制为主，针对可能出现的违背版权政策目标的行为进行事前限制，使其明确何种行为可为，何种行为不可为，同时也能够节约规制成本，无须论证行为是否达到了某种经济效果，只要满足规定就可采取干预措施进行规制。事前规制的特性决定了版权法规制时进行损害推定，所有满足条件的行为无论是否造成阻碍作品传播与创新，限制社会公众接触等后果都被规制，这无疑对市场自由施加了更多的限制。但是，另一方面，版权法又有反垄断法不具备的

① *See* Frédéric Jenny, IoannisLianos, Herbert Hovenkamp, Frances Marshall, and SivaramjaniThambisetty, Competition law, “intellectual property rights and dynamic analysis: Towards a new institutional “equilibrium”, *Concurrences Journal,*2013, p.13.

优势，更具有针对性，更有效率。由此，在内容版权许可版权滥用中，可以适用版权限制制度对权利人行为进行规制，以促进创新，但是采取版权法规制需要十分慎重，虽然不要求像反垄断法规制那般要有足够充分的证据证明损害发生，但其须基于足够多的前期调查确定具有规制的必要性时才可进行干预。而且，针对其事前限制特性，只有在市场上出现高度集中的“自然垄断”特性和“非短暂的进入壁垒”时才是合理的。

网络内容平台市场具有自然垄断特征，正如前文所述，网络平台市场具有双边市场特性与强网络效应，市场参与者需投入大量的前期沉没成本解决用户基数问题，但随着用户数量的增加与网络效应的增强，其会对消费者造成锁定效应，迎来“赢者通吃”的垄断局面。且控制优质内容版权的内容平台将更多采用独家交易等方式将版权排他性地控制在自己手中，提高竞争者的市场进入门槛。网络内容平台资本与内容聚合特性，加上强网络外部性，使其具有“自然垄断”特征。

随着网络内容平台聚合程度的提高和网络外部性的增强，内容平台的排他性行为将具有更大的潜力，可以阻止初级和二级市场的竞争，并抑制进一步的发展。此时，采用法定许可和有条件的排他性交易规则等灵活的版权限制规则，可以减少进入壁垒，保持下游竞争，鼓励内容产业的投资和创新，且相比于反垄断法规制更加高效经济。

反垄断法与版权法具有不同的规制逻辑与认定标准。版权制度应当被理解为调节“激励创作与公众接触”的，以功利主义调整权利人与使用者之间的紧张关系，不仅激励创作者创作出更多对公众有价值的作品，同时也确保公众能够获得和接触到这些作品。由此，版权法领域的规制更多的是进行宏观调控，以符合版权法的政策性目的，即平衡版权人私人利益与社会公众接触作品的利益，从而促进作品传播和利用，防止版权人滥用权利，阻碍作品的传播。而反垄断法旨在通过保护竞争，促进包括生产与技术效率、分配效率和动态效率在内的整体经济效率的提高。在此，反垄断法规制的标准是“竞争损害标准”，主要考量相关行为是否对竞争产生损害以及产生的损害是否在反垄断法所能容忍的限度内等。若相关行为造成消费者剩余与生产者剩余下降，带来社会福利损害，反垄断法需要对相关行为进行规制。在这点上，反垄断法与知识产权法规制认定标准差异表明两种制度具有不同的规制逻辑，彼此独立，不可相互替代。

但是，版权法规制与反垄断法规制最终都是以促进创新为目的，二者殊途同归。版权领域的创新促进，事实上不仅是通过促进创作这一个过程，创新也体现在后续传播与运营的过程中，包括商业模式上的创新等，而后者创新与竞争息息相关。换句话说，维持传播市场竞争秩序对二次传播市场的创新非常重要，有利于促进改进作品与演绎作品的创新，这也体现了反垄断法规制的优势，反垄断法规制能有效维持二级市场的竞争秩序。在涉及知识产权的新经济领域，反垄断规制更多强调提升动态竞争效率，促进对创新的关注。[①] 同样，作为带有强经济政策属性的知识产权制度而言，促进智力成果的传播与公众接触、激励创新无疑是版权法规制的主要目的。由此，版权法与反垄断法规制都体现出在各自的基本假设下如何鼓励创新的特征，在新经济背景下版权法与反垄断法规制，都是为了促进对智力成果的接触，防止滥用市场支配地位，避免阻碍竞争与创新，都是为了社会整体福利最大化的考虑。在促进动态效率与创新竞争方面，版权法与反垄断法规制是殊途同归的关系。

（二）救济制度选择时的成本收益分析

在针对内容平台版权许可版权滥用进行规制时，反垄断法与版权法是殊途同归的关系，二者并重。尤其在网络环境中，要更加重视版权法内部的市场监管职能。针对反垄断法与版权法规制制度的选择，可从成本收益的角度进行分析。

一方面，与版权法内部规制相比，反垄断规制可采取当事人诉讼或执法部门主动审查的方式进行。基于严格的市场界定与竞争效应论证，反垄断法规制较不容易产生错误规制的社会成本，而且其惩戒力度高，对未来相关领域的类似版权滥用行为具有较强的威慑作用，可以说其在执法的有效性上强于版权法规制。

另一方面，与反垄断规制相比，知识产权内部的规制具有效率优势，可与反垄断法规制相结合、相互补。具体而言，与反垄断法规制相比，知识产权内部的规制具有两大成本优势：（1）根据版权法内部规制制度采取适当的

---

① *See* C.Pleatsikas and D.Teece, “The analysis of market definition and market power in the context of rapid innovation”, *International Journal of Industrial Organization,* Vol.19, 2001, p.665.

规制措施的难度较小；（2）来自机会主义或反竞争诉讼的寻租成本较低。[①] 前者主要是针对反垄断诉讼的周期长、采取措施慢的特点。对于日新月异的高新技术产业而言，补救措施应当更加及时有效，确保创新者获得“关键性的”（bottleneck）内容或技术，不至于损害创新。[②] 后者主要是指责任的不确定性将鼓励机会主义的情形，相比于反垄断法规制，知识产权内部规制具有较高的确定性，更有利于减少来自机会主义的寻租成本。

对于政策制定者而言，要采取何种措施进行规制，需要结合特定的市场背景进行成本收益分析。例如，在20世纪初期，面对音乐作品聚合在还原钢琴商与唱片公司的市场局面上，引入版权法内部的法定许可制度调整音乐市场的竞争秩序是一劳永逸的方式，可以快速有效促进音乐作品的传播与流转。面对内容平台市场的高度聚合特质，版权法内部的规制措施是一个好的选择。当有足够的证据或迹象证明内容平台市场存在垄断风险，可采取事前的法定许可制度，或事后的合理使用制度或权利滥用制度进行规制，相比于反垄断诉讼周期长、规制成本高的特质，版权法内部规制具有一定的优势。

当然，肯定版权法内部限制制度对版权许可版权滥用规制的功能，并不代表否定了限制竞争行为的反垄断法规制。正如前文所言，版权法与反垄断法规制二者属于殊途同归的关系，在市场主体眼里，这两种规制手段都是可选择的救济制度，但是究竟选择反垄断诉讼规制还是在版权法内部争取救济，需要结合市场主体的特定需求，以及诉讼成本、胜诉成功率综合确定，即在市场主体层面基于获得救济层面的成本收益分析进行救济制度选择。

---

① *See* Richard Posner, *Antitrust Law*, Second Edition, University of Chicago Press, 2001, p. 231-32.

② *See* Robert Pitofoky, Antitrust and Intellectual Property: Unresolved Issues at the Heart of the New Economy, *Berkeley Tech.L.J.* Vol.16, 2001, p.535, 547.